H.

*"Helaetha faint dy babell,
estyn allan lenni dy drigfannau,
gollwng y rhaffau allan i'r pen,
a sicrha'r hoelion."*

Eseia 54,2

HELAETHA DY BABELL

Ysgrifau Crefyddol

VIVIAN JONES

Argraffiad Cyntaf – Ebrill 2004

Rhif Llyfr Rhyngwladol: 1 871799 46 5

Gwnaed pob ymdrech i barchu hawlfraint.
Diolch i Wasg Gomer ac i Menna Elfyn am ganiatád i ddefnyddio ei cherdd
'Wnaiff y gwragedd aros ar ôl?' o'r gyfrol *Eucalyptus* (Gwasg Gomer 1995).
Diolch hefyd am gael cynnwys llinellau o gerdd R. S. Thomas 'Petition' o'r
gyfrol *H'm* (McMillan 1972).

Dymuna'r cyhoeddwyr gydnabod cyngor a chymorth Cyngor Llyfrau Cymru.

Cyhoeddwyd gan Dŷ John Penri
11 Heol Sant Helen, Abertawe, SA1 4AL
tyjp@tyjp.co.uk

Argraffwyd gan Wasg Morgannwg, Castell-nedd

Cynnwys

I Mary, am greu amgylchfyd hardd i mi fyw a gweithio ynddo, am goroni'r harddwch hwnnw drwy fod yn bresennol yn ei ganol, ac am ei chefnogaeth pan ddaeth cyfleodd i mi i 'ollwng y rhaffau allan' – a 'helaethu maint fy mhabell'.

Rhagair

Pan ddywedais wrth Dewi Myrddin Hughes, Ysgrifennydd Undeb yr Annibynwyr, fy mod yn bwriadu ysgrifennu dwy erthygl, ei ymateb oedd, "Pam na ysgrifenni di lyfr". Wele'r llyfr. Ei gynnwys yw ysgrifau ar bynciau yr ymgodymais â nhw ar hyd y blynyddoedd, ac er bod gwreiddiau ambell un mewn darlith neu erthygl neu bregeth, mae'r mwyafrif ohonynt yn newydd.

Un tro, gwelais yn y *'Reader's Digest'* y frawddeg: 'Nid oes dim sy'n waeth gan Anghydffurfiwr nag Anghydffurfiwr arall sy'n gwrthod cydymffurfio â syniadaeth gyfoes Anghydffurfiaeth'. Mae'n byd meddyliol ni Gristnogion Cymraeg yn gyffredinol, wedi crebachu ers tro, fel y dengys ein cyfnodolion, a'n cyfarfodydd blynyddol, a hyd yn oed Cynhadledd Ddiwinyddol flynyddol y Brifysgol.

Ond os na enillwn feddyliau pobl, meddai tri diwinydd efengylaidd Americanaidd mewn cywaith o'u heiddo, nid ydym wedi eu hennill o gwbl. Drwy ymweld â hen bynciau, ymdrin â phynciau ymylol, ac ymdroi o gwmpas rhai cymharol newydd, gobeithiaf o leiaf ysgogi ymholi a thrafod.

Gellir darllen yr ysgrifau mewn unrhyw drefn, ond lle yr enwir fwy nag unwaith awdur y tybiais fod eisiau esbonio pwy yw, rhoddais yr esboniad y tro cyntaf yn unig.

Y Cymro o ysgolhaig, C. H. Dodd, yw un o'm harwyr i. Un rheswm yw iddo bob amser gyflawni dyletswydd awdur o ysgrifennu'n glir. Os na ddeallwch rywbeth yng ngwaith Dodd ar yr olwg gyntaf, gellwch fentro mai'r pwnc ei hun sy'n astrus. Ni allaf honni i mi gyrraedd ei safon ef, ond byddwn wedi methu'n waeth oni bai am gymorth John Evans, Clydach, cyn-Bennaeth Adran Gymraeg Ysgol Gyfun Ystalyfera, a Marcus Wells, Ystalyfera, Golygydd 'Y Tyst'. Yr wyf yn ddyledwr mawr iawn iddynt am eu help amyneddgar a gwybodus â iaith a chystrawen.

Diolch i Gareth Richards a David Jones o Wasg Morgannwg am eu medrusrwydd a'i hynawsedd wrth ddwyn y gwaith argraffu i ben.

Diolch yn arbennig i Dewi Myrddin Hughes, nid yn unig am yr ysgogiad gwreiddiol, ond am ofyn i mi, pan glywodd fod y llyfr yn dod i ben, a chyn iddo ef weld y cynnwys, a fyddwn yn barod ystyried gadael i Dŷ John Penri ei gyhoeddi. Gwerthfawrogaf ei ymddiriedaeth yn fwy nag y gallaf ei fynegi.

1. Siarad am Iesu

Bu cyfnod pan na chlywid yr un bregeth braidd o bulpud Cymraeg nad oedd ynddi ddyfyniad neu ddau o waith y bardd Gwenallt. Mae yna lenor yn America heddiw sydd lawn mor ddyfynadwy i laweroedd o bregethwyr yno, ond rhyddiaith yw ei gyfrwng ef. Ei enw yw Frederick Buechner. Mae tua saith deg wyth oed nawr, a honna fod diferyn o waed Cymreig yn ei wythiennau. Daw o deulu neilltuol – bu brawd ei fam yn llysgennad yr Unol Daleithiau i Lys Sant Iago yn Llundain, ac weithiau âi yntau'n llanc yno at ei ewythr ar wyliau.

Deng mlynedd wedi iddo raddio, er syndod mawr i'w deulu a'i ffrindiau ac iddo ef ei hun, aeth i astudio yng Ngholeg Diwinyddol *'Union'* yn Efrog Newydd, ac yna cafodd ei ordeinio'n weinidog gyda'r Presbyteriaid. Yn fuan wedyn gwahoddwyd ef i fod yn athro crefydd, yna'n gaplan hefyd, yn Academi Philips, Exeter, ysgol breswyl enwog i fechgyn yn Nhalaith New Hampshire, ddeugain milltir i'r gogledd o Boston. Yno ysgrifennodd nofelau na chafodd eu sylw haeddiannol, oherwydd i feirniaid llenyddol eu tafoli fel nofelau gan 'weinidog'. Ystyriaf ei nofel fer *'Godric'*, ei lyfr gorau yn ei farn ef ei hun, yn un o'r llyfrau perffeithiaf a ddarllenais erioed, ac enwebwyd hwnnw ar gyfer Gwobr Pulitzer ym 1981. Ysgrifennodd lyfrau crefyddol penodol hefyd – *'The Alphabet of Grace'*, *'Peculiar Treasures'*, *'Whistling in the Dark'*, a rhai hunangofiannol – *'The Sacred Journey'*,*' Now and Then'*, *'A Room Called Remember'*.

Mis yn ôl, mewn rhyw gornel yn ein tŷ ni, deuthum ar draws

tâp o ddarlith a ddraddododd yn Efrog Newydd ym 1990, ar y testun *The Basement Room*. Ni wn sut ar y ddaear y cyrhaeddodd y tâp ein tŷ ni, nac ar ba achlysur y traddododd Buechner y ddarlith, ond un diwrnod, ar daith hir yn y car, gwrandewais arni. Thema'r ddarlith yw profiadau yn ein bywyd na siaradwn amdanynt fyth, profiadau sy'n gyfrinachau ynom ni.

Dywed am gyfrinachau felly yn ei fywyd personol ef. Pan nad oedd ond deng mlwydd oed lladdodd ei dad ei hun, wedi cyfnod hir o alcoholiaeth. Yn fuan wedyn aeth ei fam ag ef a'i frawd i fyw yn Bermwda, ond ni siaradent fyth am ei dad. Sonia am arfer ei fam o gau ei llygaid wrth siarad ag ef a'i frawd, a gofynna, beth tybed yr oedd hi'n ceisio ei gadw i mewn – neu ei gadw allan – wrth wneud hynny. Sonia am ferch iddo a fu'n anorecsic, a gofynna, pa ddirgelwch yn nyfnder ei henaid hi oedd mor boenus fel na allai ei fynegi ond drwy newynu ei chorff bron hyd at angau.

Er bod y ddarlith ar ei hyd yn wefreiddiol, mae un rhan ohoni'n sefyll allan yn fy nghof i fel hoelen ar bost. Cafodd wahoddiad un diwrnod, meddai, i ddarlithio am dymor yn *alma mater* Billy Graham, Coleg Wheaton, sydd tua awr i'r Gorllewin o Chicago. Coleg efengylaidd gwahanol iawn ei bwyslais i'r sefydliadau addysgol yn y Dwyrain y bu Buechner yn gysylltiedig â nhw yw Wheaton, ac o achos hynny, bu bron iddo wrthod mynd, ond pe bai wedi gwrthod mynd, meddai, buasai ei fywyd yn dlotach o lawer.

Un o'i resymau dros ddweud hynny oedd yr hyn a ddigwyddodd pan eisteddai un diwrnod wrth fwrdd bwyd yng nghwmni dau o fyfyrwyr y coleg. Ar ganol sgwrs ynghylch rhyw bwnc digon cyffredin, dyma un o'r myfyrwyr yn gofyn i'r llall, mor naturiol â phe bai'n holi am y tywydd, beth oedd Duw yn ei wneud yn ei fywyd ef ar y pryd. Dywed Buechner nad oedd ef ei hun yn fwy siŵr o ddim yn y byd na bod Duw drwy'r amser yn gwneud pob math ar bethau yn ein bywydau ni i gyd, ond fe'i syfrdanwyd wrth glywed y cwestiwn, oherwydd pe gofynnai rhywun y cwestiwn hwnnw ymhlith y bobl yr oedd ef wedi cymysgu â nhw erioed yn y rhan o'r wlad y deuai ef ohoni, sef Lloegr Newydd – hyd yn oed mewn eglwys yno – byddai'r wybren yn disgyn, y waliau'n cwympo, a'r gwair yn gwywo! Yr oedd llawer o'r bobl hynny wedi cadw'u ffydd yn gyfrinach cyhyd, meddai, fel braidd y gellid dweud bod ganddynt ffydd mwyach. Drwy fyw am gyfnod ymhlith myfyrwyr a staff Coleg Wheaton, darganfu ef ei hun rywbeth yr oedd wedi newynu amdano ers blynyddoedd, heb sylweddoli hynny, a'r peth hwnnw oedd, siarad am Iesu Grist heb na swildod na chywilydd, a siarad amdano'n naturiol.

Cydnebydd, er hynny, eu bod yn Wheaton yn siarad am eu ffydd *in different words from mine*, a gellir casglu beth a olyga hynny iddo, oddi wrth bethau eraill a ddywed. Yn un o'i lyfrau, wrth godi'r cwestiwn, a gafodd Iesu Grist wrth farw un cipolwg terfynol ar y bywyd yr oedd bron â gorffen ei fyw – fel y dywedir sy'n digwydd i rai – dywed mai beth bynnag a orffennwyd gan y fath angau, Crist yn unig a ŵyr. Ond mae 'Crist y peth' y tu hwnt i'n dychymyg ni meddai, yr unig wedd arno y gallwn ni wybod amdano yw 'Iesu'r peth', 'cig a gwaed y peth'. Ac yn y ddarlith *The Basement Room*, dywed hefyd nad yw pregethwyr efengylaidd yn ei gyrraedd ef, oherwydd er eu bod y tu cefn i'w pregethau, nid ydynt ynddynt. Nid yw siarad am Iesu Grist mewn gosodiadau amhersonol y gallai unrhyw Gristion eu mynegi yn cyffwrdd ag ef. Yr hyn a ddarganfu ei fod ef wedi newynu amdano ers blynyddoedd felly, oedd yr awydd, yn wir yr angen, i siarad, nid am y Crist, ond am Iesu, ac i siarad amdano'n rhydd, mewn moddau naturiol a phersonol iawn.

'Synnwn i ddim nad oes newyn i siarad am Iesu yn rhydd, ac mewn moddau naturiol a phersonol iawn, yn brofiad i laweroedd o Gristnogion yng Nghymru y mae Iesu'n gyfrinach iddynt hwythau. Efallai nad ydynt, yn fwy nag yr oedd Buechner cyn iddo gyrraedd Wheaton, a'r bobl y maged ef yn eu plith yn Lloegr Newydd, wedi darganfod eu newyn eto, a hyd yn oed os ydynt, efallai eu bod yn rhy swil i siarad am Iesu, yn teimlo gormod o embaras i wneud hynny.

Gallai'r embaras hwnnw fod yn gymhlethdod o lawer o bethau. Nid yw'n rhwydd i rai siarad am bethau sy'n eu cyffwrdd yn ddwfn, yn enwedig â phobl y byddant yn eu cwrdd yn aml, ac efallai'n ymwneud â nhw mewn sawl ffordd wahanol. At hynny, fe gofia rhywun o'm cenhedlaeth i yr amser pan oedd crefydd Cymru'n grefydd sifil i raddau helaeth, pan oedd bod yn Gymro yn gyfystyr â bod yn rhyw fath ar Gristion hefyd. Pan oeddwn i'n blentyn ni ofynnai neb i rywun arall a oedd yn Gristion, cymerid hynny'n ganiataol fwy na heb. Y cwestiwn naturiol oedd, i ba gapel yr âi, oherwydd bryd hynny yr oedd gan bob Cymro bron gysylltiad â rhyw gapel neu'i gilydd – gwyddai hyd yn oed y rhai na fynychai gapel, yn union pa gapel na fynychent. I'r mwyafrif hefyd, mater o gyrhaeddiad moesol oedd ffydd. Pe dywedid wrth rywun ei fod yn Gristion felly, yr ymateb gwleidyddol gywir fyddai, "O, nid y fi sydd i ddweud hynny", neu, "Wel, 'rwy'n gwneud fy ngorau ta beth." Ar yr un pryd, sarhad fyddai awgrymu nad oedd yn Gristion!

Rhan o gonfensiwn y grefydd sifil, foesol honno, oedd siarad am ffydd yn ffurfiol yn unig, ac mewn sefyllfaoedd ffurfiol. Siarad am Iesu oedd ei ganmol drwy ganu emynau, a'i glywed yn cael ei ganmol mewn cyfeillach neu seiad, neu gan bregethwyr a oedd y tu cefn i'w pregethau ond nid ynddynt (dyn ar lwyfan oedd pregethwr bryd hynny, nid oedd mwy na mwy o ryddid iddo fod yn bersonol!) Ond hyd yn oed pan elwid ef yn Iesu, Crist a ganmolid, ac yr oedd digon o resymau i esbonio hynny. Adroddid a chenid Athrawiaeth y Drindod yn aml yn yr addoli cyhoeddus – yn y Weddi Apostolaidd yn arbennig – ac effaith ymarferol hynny oedd pwysleisio 'Crist y peth'. Yn sicr, nid oedd lle yn ymadroddi litwrgïaidd yr eglwysi Anghydffurfiol i'r athrawiaeth am y **ddwy** natur. Ffitiai Crist i mewn i ddefosiwn y cyfnod yn fwy taclus na Iesu hefyd. Yn sicr, nid oes gen i fawr o gof clywed llawer am yr Iesu cig a gwaed yn fy magwraeth i yn y ffydd. Yr oedd ef ar goll yn rhywle o dan orchudd o deitlau a dogmâu diogel a sicr. I mi, nid cymeriadau o gig a gwaed oedd ffigurau'r Beibl benbwygilydd chwaith, yn gymaint ag ysbrydion diberson.

Tystiolaeth i hynny yw fod yr atgofion sydd gennyf o'r adegau pan ddaeth y cig a gwaed i'r golwg i mi, yn sefyll allan mor glir. Un flwyddyn, yn ystod yr Ail Ryfel Byd, am wythnosau lawer, ar brynhawn Sul, am bump o'r gloch os cofiaf yn iawn, darlledid drama Dorothy L. Sayers, *'The Man Born to be King'*, ar y radio –

yr oedd y teledu ymhell ar y gorwel bryd hynny. Pa fath ar leisiau tybed a roeswn yn fy nychymyg cyn hynny i ffigurau'r Testament Newydd? Tebyg, bob un ohonynt, i'r gri y soniodd Parry Williams amdani yn un o'i ysgrifau, y llef ddiacen, amhersonol honno, heb na nodyn nac anadl iddi? Ond yn y gyfres hon cafodd ysbrydion di-lais a diberson y Testament Newydd ymgnawdoliad lleisiol a ysgogai fy nychymyg i roi iddynt hefyd gorff a pherson a gydweddai ag acen a goslef.

Bu cryn drafod ar y pryd a ddylid rhoi llais i Iesu ei hun, ond yn y gyfres honno daeth ef, am y tro cyntaf, yn berson byw i mi wrth i mi glywed rhyw actor yn rhoi llais iddo. Fel arfer byddai rhaid colli deng munud olaf y ddrama er mwyn dechrau'r ffordd i'r cwrdd nos. Ond weithiau, am ei bod hi'n glawio'n anghyffredin o drwm efallai, byddai mam yn dweud nad oedd dim rhaid i mi fynd i'r cwrdd y noson honno, cawn wrando ar y darllediad tan y diwedd felly, ac yr oedd hynny'n amheuthun.

Nawr ac yn y man, wrth fynd yn hŷn, clywn bregeth gan feistr a feddai'r grefft a'r hyder – a'r ddynoliaeth! – i dorri drwy'r plisgyn a oedd o gwmpas y Testament Newydd i mi. Y Parchedig Simon B. Jones, un o 'fois y Cilie', yn gwneud drama o Sacheus yn mynd adref i ddweud wrth ei wraig bod Iesu'n dod i de i'w tŷ nhw y diwrnod hwnnw. Safai ar un ochr i'r pulpud: "Sac bach, beth ddaeth drosto ti, dydd Iau yw hi, 'does dim bwyd 'da fi yn y tŷ. 'Rwyt ti'n gwybod yn iawn nad wyf i ddim yn crasu tan ddydd Gwener" – ac edrych i lawr! Yna, yn ddiarwybod i ni bron, sleifio i ochr arall y pulpud i gyflwyno esboniad amddiffynnol Sacheus – ac edrych lan.

Yn ddiweddarach, gweld drama deledu Dennis Potter am Iesu brwdfrydig, parablus. Oherwydd mai fel dyn brwdfrydig, parablus y gwelwn i fy hun, am flynyddoedd cyn hynny teimlwn gryn bellter rhyngof a'r Iesu tawel, pwyllog, urddasol a gerddai drwy fy nychymyg i, *'the flannelgraph Sunday School figure, the sweetly smiling Victorian Saviour'*, ys dywed Philip Yancey am hwnnw. Ond yn nrama Potter, gwelais, nid yn unig Iesu o gig a gwaed, ond Iesu o'm cig a'm gwaed i fy hunan! Bu'r cof am y profiad hwnnw'n help i mi flynyddoedd yn ddiweddarach i ddeall beth a olygai i berson du weld llun o Iesu du.

Ac ers rhai blynyddoedd nawr, ymhyfrydais fwyfwy yng nghig a gwaed y Beibl, a dal i gynyddu mae'r ymhyfrydu hwnnw. Abraham a Sara, pan ddywedodd Duw wrthynt y caent fab yn eu henaint – yn chwerthin! Dafydd yn mynnu talu am yr offer aberthu a gynigiodd Arafna iddo am ddim – "Nid wyf am aberthu i'r Arglwydd fy Nuw boeth-offrwm di-gost." A'r Testament Newydd yn arbennig. Dysgais rai pethau na welodd neb yn dda naill ai i'w sibrwd yn fy nghlust nac i'w mynegi i mi ar goedd. Clywais am rai ohonynt ar ddamwain, a darganfûm rai eraill fy hun: nad oedd Luc, yr efengylydd trugarog, mor alluog â'r efengylwyr eraill; bod yr Apostol Paul, un anodd i deimlo'n agos ato, yn wncwl i o leiaf un dyn ifanc. (A oedd Iesu?)

Bu diddordeb ysgolheigaidd yn 'Iesu hanes' ers y bedwaredd ganrif ar bymtheg. Ailenynnwyd y diddordeb hwnnw yn ein dyddiau ni, a thrwy ddefnyddio ffynonellau newydd megis anthropoleg ac archeoleg, casglwyd peth gwybodaeth newydd ynghylch Iesu. Ond deunydd digon amhersonol am Iesu a geir ynddo, ac nid wyf yn siŵr nad osgoi 'Crist ffydd' yw cymhelliad llawer o'r diddordeb hwn ynddo.

Nid osgoi 'Crist ffydd' yw cymhelliad fy niddordeb i yn Iesu hanes. Eisiau ymdroi mwy o gwmpas pethau personol yn ei gylch yr wyf fi nawr. Mae rhai pethau felly'n hysbys ddigon - Iesu'n wylo, Iesu'n flinedig. A Iesu'n ansicr ar y groes? – "Fy Nuw, fy Nuw, pam yr wyt wedi fy ngadael?" Ond hefyd mai geiriau olaf Iesu ar y groes oedd y bader y dysgodd ei fam a'i dad iddo ei dweud hi cyn noswylio pan oedd yn blentyn, "O Dad, i'th ddwylo di yr wyf yn cyflwyno fy Ysbryd", dyfyniad o Salm 31 – y 'Rhof fy mhen bach lawr i gysgu' Iddewig.

Efallai mai mynd yn hŷn sy'n esbonio peth o'r newid ynof, os nad y cyfan ohono. Ni roddir fawr o sylw diwinyddol yn ein plith i'r ffaith bod gennym anghenion ysbrydol gwahanol mewn cyfnodau gwahanol ar ein pererindod. Ond sylwais, yn y tymor hwn yn fy mywyd i, na fynnwn fod yn rhy bell oddi wrth y sylweddau mwyaf eu pwys i mi, bod arnaf eisiau gwybod mwy o fanylion yn eu cylch, a thrwy hynny nesu atynt. Oherwydd hynny, er cymaint o arswyd sydd arnaf rhag mynd yn hyf ar Iesu, nid wyf chwaith eisiau iddo ef o bawb fod yn gwbl y tu hwnt i'm cyrraedd i. Y pethau yn ei gylch y mae rhyw gysgod o'u sylwedd yn cyffwrdd â'm bywyd dyddiol i sy'n fy niddanu nawr, a rhai ohonynt yn bethau y gallaf eu hefelychu, o ba bellter annychmygol bynnag, a thrwy hynny wneud rhai pethau bychain fy hunan i'm dwyn yn nes ato.

Byddwn yn ansicr pe bawn ar fy mhen fy hun yn y mater hwn, ond mae gennyf gyfaill neu ddau sy'n rhannu'r hyfrydwch mewn gwybod mwy ynghylch Iesu'r cig a gwaed. Ar ben hynny, dro'n ôl darllenais lyfr gan Hans-Ruedi Weber, gŵr o'r Swistir a fu'n Ymgynghorydd Beiblaidd i Gyngor Eglwysi'r Byd am flynyddoedd, ac a âi yma a thraw dros y byd i weld sut oedd Cristnogion o wahanol ddraddodiadau yn defnyddio'r Beibl, a beth a welent ynddo. Yna'n fuan wedi ymddeol, ysgrifennodd y llyfr hwn am Iesu, 'Living in the Image of Christ', a theitl i Iesu uwchben bob un o'i dair pennod.

Mae'n siŵr mai'r teitlau a ddewisai'r mwyafrif o Gristnogion i benodau felly fyddai teitlau fel Gwaredwr, neu Feseia, neu Arglwydd. Wel ie, wrth gwrs. Ond ni fyddaf fi, feidrolyn, fyth yn Waredwr, neu'n Feseia, neu'n Arglwydd. Y teitl a roddodd Weber i'w bennod gyntaf oedd 'Iesu'r Artist'. Seiliodd y bennod honno ar sylw gan yr artist van Gogh – a oedd â'i fryd ar y weinidogaeth pan oedd yn ifanc. Dywedodd van Gogh mai Iesu oedd yr artist pennaf ohonynt i gyd, am ei fod ef yn creu harddwch o'r deunydd mwyaf anaddawol oll, y natur ddynol. Mae gen i ŵyr naw mlwydd oed sy'n wirioneddol mwy crefftus na fi mewn unrhyw ymwneud artistig, ond fe allaf finnau hyd yn oed, wneud fy mywyd a'm person ychydig yn harddach o ddydd i ddydd. Teitl Weber i'w ail bennod oedd, 'Iesu'r Gŵr Doeth'. Pe gofynnai rhywun i mi pa fath ar ddyn y mynnwn fod, fy ateb cyntaf fyddai, dyn grasol, ond ofnaf i mi adael hynny'n rhy hwyr! Eithr fy ail ateb fyddai, dyn doeth. Nid oes fawr o ddim mwy gwerthfawr mewn teulu, stryd, cymdogaeth, pwyllgor, cyngor, senedd nac eglwys – na pherson doeth. Eraill ddylai ddweud a wyf fi yn ddoeth ai peidio, ond beth bynnag eu dedfryd, o leiaf nid yw'n amhosibl i mi gyda threigl amser dyfu fymryn yn ddoethach. Teitl y drydedd bennod oedd 'Iesu'r Croeshoeliedig'. Go brin y caf fi fy nghroeshoelio yn llythrennol. Ond os na ddaw ar fy nhraws unrhyw ddioddefaint y gellid defnyddio'r gair 'croes' amdano hyd yn oed yn ffigurol, o leiaf gallaf fod yn barod i ddioddef ronyn dros yr hyn a gredaf, pe na bai hynny'n ddim mwy na rhoi hyd at loes i achosion da. Rhoddais ochenaid o ryddhad pan welais deitlau penodau Weber.

Gwyddom oll beth yw cael clod am rywbeth na chostiodd ddim i ni, ac nad yw'n golygu fawr i ni, a gwyddom beth yw gwneud rhywbeth a gostia'n ddrud i ni, ac sy'n golygu llawer i ni, a neb yn sylwi hyd yn oed, heb sôn am ei werthfawrogi. A oedd hynny'n brofiad i Iesu? A yw'n bosibl ein bod ninnau heddiw'n rhoi clod iddo am yr hyn na chostiodd ddim iddo, ac yn methu â gwerthfawrogi'r hyn a gostiodd yn ddrud iddo?

Un Pasg, pan oedd fy merch hynaf yn bedair ar ddeg, awgrymais iddi ei bod yn darllen Efengyl Marc drwodd o'r dechrau i'r diwedd ar un eisteddiad, gan anwybyddu'r rhaniadau i adnodau a phenodau. Wedi iddi orffen gofynnais iddi beth oedd hi'n ei feddwl. Atebodd mewn llais yn llawn edmygedd – "Rhaid bod Iesu wedi teimlo'n unig ofnadwy ar adegau". Nid wyf yn amau na fyddai Iesu wedi bod yn ddiolchgar am yr ymateb yna, ac ni synnwn na fyddai a fynno'r ffaith honno â'r ffaith arall mai ymateb oedd heb ynddo na swildod na chywilydd, ymateb rhydd, naturiol a phersonol merch ifanc.

Pe bawn i'n weinidog heddiw, 'rwy'n credu mai un o'm pryderon fyddai sut i roi cyfle i rai y mae Iesu wedi bod yn gyfrinach iddynt, ddarganfod a oes ynddynt hwythau, fel Frederick Buechner, awydd i siarad â rhywrai eraill am Iesu heb na swildod na chywilydd, ac os oes, dod o hyd i ffyrdd iddynt wneud hynny. Nid siarad amdano mewn dull Ysgol Sulaidd, ys dywed Parry Williams eto, ond rhannu ag eraill eu hymateb rhydd, naturiol a phersonol hwythau i Iesu – a minnau'n rhan o'r gyfeillach, wrth gwrs.

2. Amynedd

Yn ei lythyr at y Colosiaid, dywed Paul mai ei fwriad ef a Timotheus ei gydweithiwr wrth bregethu oedd cynhyrchu Cristnogion aeddfed. 'Atolwg', beth yw Cristion aeddfed!

Mae popeth bron wedi ei bwyso a'i fesur gan rywun yn rhywle y dyddiau hyn, ac nid yw twf Cristnogol yn eithriad. Yn ôl un erthygl a ddarllenais i, mae wyth prif gam i dyfiant Cristnogol. Y cyntaf yw credu beth bynnag a fynnwn am Dduw, a chredu hynny dim ond pan fydd awydd gwneud hynny arnom - adeg y Nadolig efallai, neu'r Pasg. Yr ail gam yw, credu yn Nuw pan fydd hi'n argyfwng arnom ni, a cheisio taro bargen â Duw – "Os gwellaf fi o'r afiechyd hwn, fe af fi i'r cwrdd yn amlach!" Y trydydd cam yw credu yn Nuw er mwyn ennill parch rhywun a edmygwn yn fawr, megis tad neu – 'slawer dydd ta beth – weinidog. Y pedwerydd cam yw credu mewn rhyw awdurdod terfynol, boed Bab neu Feibl neu gredo, credu ein bod ni'n iawn ynghylch pob peth, a dim lle i drafod. Ac ymlaen hyd at yr wythfed cam, ffydd sy'n tarddu o'r tu mewn i ni, sy'n annibynnol ar hunan-les a chymeradwyaeth, a ffydd y mae lles pobl eraill yn bwysig iawn iddi. Yn ôl yr erthygl hon rhaid mynd drwy bob cam, mae symud o un cam i'r llall yn anodd a phoenus, ac ychydig sy'n cyrraedd y cam olaf.

Ni allaf gredu nad yw meistri'r bywyd Cristnogol ar hyd y canrifoedd wedi adnabod pob un o'r camau yna mewn rhyw ffurf neu'i gilydd arnynt. Er hynny, mae gwerth mewn mynegiant cyfoes ohonynt. Ond un gwendid mawr a welaf fi yn y model hwn yw y gellid ei ddefnyddio i fesur aeddfedrwydd unrhyw

Gristion mewn unrhyw gyfnod. Byddwn i eisiau dadlau y dylai fod cyswllt rhwng aeddfedrwydd Cristion a'r cyfnod y mae hi neu ef yn byw ynddo. Mynnwn i ddadlau y dylai aeddfedrwydd Cristnogol olygu datblygiad cryf mewn rhyw rinwedd Cristnogol arbennig o addas ar gyfer ein dydd ni ein hunain. A oes yna rinwedd Cristnogol sydd â mwy o'i angen ar Gristnogion heddiw na rhinweddau eraill, ac os oes, beth allai hwnnw fod? Byddwn i eisiau ateb 'oes' i'r cwestiwn cyntaf, a hoffwn awgrymu ymgeisydd yn ateb i'r ail gwestiwn.

Dro'n ôl danfonodd cyfaill lyfr ataf yn rhodd, nofel gan Americanes o'r enw Maria Dora Russell, *'The Sparrow'* – teitl yn codi o eiriau Iesu ynghylch gofal Duw am aderyn y to. Arwr y nofel yw Emilio Sandoz, offeiriad Pabyddol a berthynai i Urdd tra chyfoethog y Jeswitiaid. Ganed Sandoz yn Puerto Rico, fe'i maged i siarad Sbaeneg a Saesneg, ac yn nes ymlaen dysgodd siarad Eidaleg a Phortwgaleg a Ffrangeg. Ymhen amser enillodd ddoethuriaeth mewn ieitheg hefyd. Tyb pawb wedyn oedd y câi gadair mewn ieitheg yn syth yn un o brifysgolion niferus y Jeswitiaid. Eithr er syndod i bawb, yr hyn a wnaeth awdurdodau'r Jeswitiaid oedd ei ddanfon i gyflawni cyfres o dasgau nad oedd ganddo ddim cymhwyster o gwbl ar gyfer yr un ohonynt. Un o'r tasgau oedd datblygu fforestydd mewn man y bu rhaid i mi chwilio'r atlas yn fanwl i gael hyd iddo – ynysoedd y Carolinas. At hynny, symudid ef bob tro at dasg newydd cyn iddo orffen yr un yr oedd wrthi ar y pryd.

Yna un diwrnod, yn ôl y nofel, clywodd gwyddonwyr drwy delesgopau radio sŵn yn dod o blaned o'r enw Radak, sŵn na allai, yn eu tyb nhw, fod yn ddim ond math ar fiwsig. Penderfynodd awdurdodau Urdd y Jeswitiaid yrru cenhadon mewn llong ofod at Radak i gysylltu â'r bobl yno. Dewiswyd wyth person i fynd, pob un ag arbenigedd o ryw fath, a dewiswyd Sandoz yn un o'r rheiny, yn y gobaith y gallai ei sgiliau iaith fod o ryw help i'r genhadaeth i gyfathrebu â thrigolion Radak.

Cyrhaeddodd y llong ofod yn ddiogel. Yr oedd popeth ar Radak yn rhyfeddol a dieithr i aelodau'r genhadaeth, wrth gwrs – y llysiau, y tymheredd, y bwyd, yr iaith, y dillad, yr arferion, y bobl – a nos a dydd, oherwydd yr oedd tri haul gan Radak. Nid Sandoz oedd arweinydd y genhadaeth, ond mewn ambell sefyllfa fwy dieithr a straenus hyd yn oed na'r sefyllfa sylfaenol, Sandoz fyddai'r arweinydd *de facto*, oherwydd yr oedd ef yn fwy cyfarwydd na neb o'i gymdeithion yn wynebu sefyllfaoedd dieithr heb na chymhwyster na pharatoad ar eu cyfer. Yr oedd felly wedi profi mwy o straen rhwystredigaeth na'r un o'r lleill, ac o achos hynny, fe, o bob un ohonynt, oedd wedi dysgu fwyaf am – amynedd.

Nid yw'n byd ni heddiw mor ddieithr i ni ag oedd Radak i Sandoz ac aelodau eraill y genhadaeth yr oedd ef yn rhan ohoni. Ac eto, y mae'n daear ni ar rai ystyron yn mynd yn blaned mwy a mwy dieithr i ni, ei thrigolion. Mae hyd yn oed newid ei hun wedi newid. Lle y byddai newid gynt yn gyfnod rhwng cyfnodau mwy neu lai sefydlog, newid yw'r norm bellach. A'r fath newid. Bu'r cread yn fygythiad i ddynoliaeth erioed, drwy ddaeargrynfeydd a llifogydd a llosgfynyddoedd ac ati, ond yn ein cenhedlaeth ni, am y tro cyntaf yn hanes ein byd, mae dynoliaeth nawr yn defnyddio adnoddau'r cread ar raddfa ac mewn ffyrdd sy'n fygythiad i'r cread. Ar ben hynny mae datblygiadau technolegol yn ein galluogi nid yn unig i newid patrymau byd natur, ond hefyd i newid ein patrymau byw ni ein hunain, o gyfathrachu rhywiol hyd at fasnach fyd-eang, ac mae credoau a gwerthoedd oesol yn cael eu herio yn y broses. A chefndir pob newid yw'r siarad am ragor o newid, a wna fywyd ar ein planed ni'n fwy dieithr eto, o genomau, safleoedd (a gwyliau?) yn y gofod, y peiriant z, robotiaid maint asprin, clonio – a beth arall? – ac y mae'n mynd yn anos i ni ragweld y newidiadau ac felly i baratoi'n hunain ar eu cyfer.

Ni ddylai'n synnu felly mai un o nodweddion ein bywyd cyfoes yw diffyg amynedd. Mae diffyg amynedd sy'n addas ac yn iawn, diffyg amynedd pan fydd plant yn cael cam, neu'r diniwed yn dioddef. Ond mae diffyg amynedd dinistriol ar gerdded yn ein byd ni heddiw. Diffyg amynedd personol, fel mewn *road rage*. Echdoe yr oedd adroddiad yn y papur am ddyn yn trywanu menyw â chyllell ar y ffordd, oherwydd, meddai ef wedyn, ei bod hi wedi gyrru ei char hi ar draws llwybr ei gar ef! Diffyg amynedd mewn perthynas – mae parau ifainc yn rhoi'r gorau i'w priodas heddiw, meddai seicolegydd ar y teledu dro'n ôl, cyn eu bod yn gwybod pa frechdanau y mae'r llall yn eu hoffi. Diffyg amynedd mewn masnach, fel pan fydd nwyddau ar werth nad ydynt wedi eu profi'n iawn. Diffyg amynedd hefyd ymhlith etholwyr, sy'n wasgfa ar wleidyddion i roi sylw i broblemau dros dro, gan esgeuluso problemau'r tymor hir.

Tuedd yn ein diwylliant sy'n porthi diffyg amynedd yw'r pwyslais cynyddol ar gyflymder. 'Slawer dydd yr oedd brys yn wendid – 'mwya'r brys, mwya'r rhwystr' – ond nawr mae'n rhinwedd. Yr ydym, meddai Klaus Schwab, cyn-Lywydd Fforwm Economaidd y Byd, yn symud o fyd y mae'r cryf ynddo'n llyncu'r gwan i fyd y mae'r cyflym ynddo'n llyncu'r araf. Gwrthryfelodd rhai yn erbyn y pwyslais hwn ar gyflymder drwy greu mudiadau cefnogol i arafwch. Digiodd newyddiadurwr o'r Eidal gymaint pan agorodd McDonald's siop yn Rhufain, fel yr aeth ati i sefydlu Cymdeithas i Hyrwyddo Bwyd Araf. Ar hyn o bryd y mae gan y Gymdeithas 60,000 o aelodau mewn 45 o wledydd. A phan oedd Brian Eno, cerddor ac artist, yn byw yn Efrog Newydd, sylweddolodd nad oedd gan y mwyafrif o bobl y deuai ar eu traws ddim ymroddiad o gwbl i'r dyfodol – ar wahân i'w dyfodol eu hunain. Mae Eno'n perthyn nawr i gymdeithas y mae ganddi symbol trawiadol o'i hymrwymiad i yfory, sef cloc sy'n tician unwaith bob deg eiliad ar hugain, ac sy'n cadw, nid amser diwrnod, na blwyddyn, na chanrif hyd yn oed, ond amser prosesiad y sêr, cylch o 25,784 o flynyddoedd!

Ond mae rhywbeth dyfnach yn digwydd yn ein cymdeithas ni heddiw na bod bywyd yn cyflymu, a rhaid i'r ymateb iddo fod yn ddyfnach na cheisio arafu bywyd, er pwysiced hynny. Un diwrnod, yn siop ein pentref ni, gwelais bennawd papur dyddiol yn cyhoeddi'n groch bod croten ifanc wedi ei llofruddio. Mynegais wrth wraig a safai yn fy ymyl fy nicter at bobl sy'n cymryd arnynt eu hunain yr hawl i derfynu bywyd rhywun arall. Edrychodd arnaf, fel pe bai'n pwyso ei geiriau, yna, "Mr Jones" meddai, "mae eisiau i'n byd ni heddiw ddysgu amynedd".

Nid oedd wedi dweud dim byd syfrdanol, ond yr oedd tinc yn ei llais a fflam yn ei llygaid a seriodd ei geiriau ar fy ymwybod i, a byth ers hynny mae'r gair amynedd yn neidio allan ataf fi bob tro y gwelaf ef ar gof a chadw, a syndod mawr i mi yw mor aml y gwelaf ef ar ddalennau llyfrau a ystyriaf fi'n llyfrau arwyddocaol iawn. Yn ei lyfr 'Lost Icons', llyfr sy'n dwyn yr is-deitl trist 'Reflections on Cultural Bereavement', dywedodd Rowan Williams, Archesgob Caergaint nawr, mai cymdeithas a gollodd amynedd ag amhendantrwydd plentyndod yw cymdeithas sy'n ystyried mai gwaith addysg yw gwasgu plant cyn pryd i mewn i batrymau oedolion o fyw.

Deuthum yn fwy ymwybodol hefyd o werth amynedd yn nhrefn ein cymdeithas ni. Onid amynedd yw prif gymhwyster y rheiny y gelwir amdanynt pan gymerir pobl yn wystlon, neu pan herwgipir awyren, neu pan fydd eisiau arbed streic mwy niweidiol na'i gilydd, neu ddwyn perswâd ar bobl i beidio â rhyfela â'i gilydd? Gwŷr a gwragedd, allan o'r golwg efallai, yn ceisio cael pobl i siarad a siarad a siarad er mwyn dod o hyd i gyfaddawd. Ni chânt lwyddiant dramatig bob tro, ac weithiau ni chânt lwyddiant amlwg o gwbl, ond hyd yn oed bryd hynny, yn aml cadwant bethau rhag mynd llawer yn waeth. Rhai blynyddoedd yn ôl, credai llawer ohonom y byddai duon De Affrica'n codi ryw ddydd yn erbyn y gwynion yno, ac y byddai afonydd o waed yn llifo, ond nid felly y bu. Onid rhyfedd amynedd Nelson Mandela dros flynyddoedd hir yn y carchar oedd yn bennaf gyfrifol bod pethau wedi gweithio allan cystal yn y diwedd? Ac oni ddywedodd y gŵr o Sweden a oedd yn bennaf gyfrifol am chwilio dros y Cenhedloedd Unedig am arfau dinistriol yn Irac, Hans Blitz, yr hoffai pe bai Arlywydd yr Unol Daleithiau, George W. Bush, wedi dangos mwy o amynedd?

Nid yw amynedd yn swnio'n rhinwedd cyffrous neu ddiddorol iawn. Mae ar restrau'r Testament Newydd o nodweddion 'etholedigion Duw', ond mae'n amheus gen i a yw'n amlwg ar restr mwy na mwy o Gristnogion o'r nodweddion personol y byddant yn eu chwenychu. Rhinwedd y byddwn yn ei ganmol yn rhywun arall yw amynedd. O ran hynny, nid yn aml y clywir sôn am y rhinweddau Cristnogol beth bynnag. Dichon fod ein pwyslais ar y grasusau, ffydd, gobaith, a chariad, wedi gwthio'r mwyafrif ohonynt o'r neilltu yn ein hymwybyddiaeth. Rheswm arall dros i Gristnogion ollwng amynedd dros gof yw y gall crefyddau eraill hawlio amynedd yn rhinwedd, lawn cymaint, os nad yn fwy, na Christnogaeth, yn arbennig Bwdïaeth, er nad yr un ansawdd sydd i amynedd y Bwdydd ag sydd i amynedd y Cristion.

Ei freuddwyd yn fyfyriwr, meddai Russell Baker, colofnydd i 'The New York Times', oedd bod yn nofelydd, ac nid yn unig bod yn nofelydd, ond bod yn Ernest Hemingway newydd America. Eithr bob tro yr eisteddai i ysgrifennu nofel, dechreuai ei feddwl grwydro, a deuai blinder mor llethol drosto, fel y byddai rhaid iddo ffonio Mimi ei gariad a'i gwahodd i ddod gydag ef i'r sinema er mwyn iddo gadw ar ddi-hun. Aeth blynyddoedd heibio, meddai, cyn iddo sylweddoli ei broblem. Yr oedd eisiau bod yn nofelydd, ond nid oedd eisiau ysgrifennu nofelau! Yr wyf finnau wedi cyfarfod â llawer o bobl sydd eisiau bod yn Gristnogion, ond nad ydynt yn awyddus i feithrin y rhinweddau y dylai Cristnogion eu hymarfer, ac un o'r rhinweddau y dylai 'etholedigion Duw' ei ymarfer, yw amynedd.

Er hynny, nid sôn yr wyf fi am yr amynedd i aros am fws heb ddiarhebu'r gyrrwr os yw'r bws yn cyrraedd yn hwyr, neu'r amynedd i aros i'r tecell ferwi heb felltithio nef a daear pan fydd yn araf. Nid yw'r mathau hynny ar amynedd yn ddibwys, ond yr amynedd sydd gen i mewn golwg yma yw'r amynedd, i ddechrau, i 'ddal i gredu' yn wyneb digalondid mawr a dwfn dros gyfnod, digalondid oherwydd afiechyd hir a blin, digalondid oherwydd baich trwm anodd i'w godi a'i gario, digalondid oherwydd anghyfiawnder i ni neu i eraill, digalondid oherwydd 'llwyddiant yr annuwiol', digalondid oherwydd llugoerni teulu'r ffydd.

Yn ei lyfr 'Breakthrough', dywed Robert Bilheimer, yr unig un o brif swyddogion gwreiddiol Cyngor Eglwysi'r Byd sy'n fyw o hyd, am sgwrs a gafodd â'r diwinydd Hwngaraidd Barnabas Nagy, adeg cynhadledd yn Hwngari yn gynnar wedi'r Ail Ryfel Byd. "Doedd dim posibl cwrdd â phobl o ddwyrain Ewrop bryd hynny" medd Bilheimer, "heb deimlo tristwch mawr. Wedi ymladd yn arwrol yn erbyn y Natsïaid, yr oeddent wedi gobeithio am gyfnod o heddwch a rhyddid a mwynhad. Ond yr hyn a gawsant oedd gorthrwm llym o dan sawdl Rwsia, a bywyd undonog mewn amgylchedd llwyd y tu hwnt i eiriau i'w ddisgrifio." Rhag i neb wrando ar eu sgwrs, gofynnodd Nagy i Bilheimer fynd am dro gydag ef mewn coedwig gerllaw. Wrth gerdded yno, gofynnodd Bilheimer i Nagy, "Beth sy'n dy gadw di i fynd yn yr amgylchiadau hyn, beth yw ystyr Arglwyddiaeth Crist i ti yma?" Wedi munud dawel, ateb Nagy oedd *"hwpomene"*, gair Groeg o'r Testament Newydd sy'n golygu 'amynedd'.

Yr wyf hefyd yn golygu'r amynedd i fyw mewn cyfnod – ein cyfnod ôl-fodern ni – y mae ei hinsawdd feddyliol yn awgrymu ein bod ni heddiw yn gwybod llai nag y tybiai pobl 'slawer dydd eu bod yn gwybod, a'n bod ni hefyd yn llai sicr na hwynt o lawer o'r pethau a wyddom. Heb yr amynedd i allu derbyn hynny, a byw'n fodlon ar hynny, y perygl yw mai'n pryderon a'n hofnau fydd yn gyrru'n hargyhoeddiadau personol, a byddwn yn honni bod gennym fwy o atebion, a mwy o sicrwydd ynghylch llawer o bethau nag y mae gennym warant ar eu cyfer. Gall hynny fod yn wir am ein hargyhoeddiadau cymdeithasol hefyd. Os na fydd gennym amynedd i fyw heb atebion croyw ynghylch pob gwerth moesol a phatrwm cymdeithasol, gwasgu hen atebion ar ben cwestiynau newydd a wnawn ni. A gall hynny fod yn wir am ein hargyhoeddiadau diwinyddol. Math ar reolau yw dogmâu, ond fel pob math ar reolau, "does dim eisiau mwy ohonynt nag sydd raid", meddai Colin Gunton, Athro Diwinyddiaeth yng Ngholeg y Brenin yn Llundain, a fu farw'n ddisymwth yn gymharol ddiweddar. Ac yn ei lyfr *'On Christian Theology'*, dengys Rowan Williams mewn geiriau annodweddiadol ohono, oherwydd gŵr mwyn yw fel arfer, ei fod ef yn teimlo'n gryf yn erbyn rhai diwinyddion yn y mater hwn: "Dylai diwinyddion" meddai, "ddweud yr hyn sydd ganddynt i'w ddweud, ac yna gau eu cegau." (*'shut up'* yw ei eiriau).

Hynny oedd gan yr economydd E. F. Schumacher mewn golwg yn ei *'Small is Beautiful'*, wrth ddweud bod ychydig o wybodaeth ansicr ynghylch pethau o bwys filgwaith rhagorach na llawer o wybodaeth hollol sicr ynghylch pethau llai eu pwys. Mae lleygwyr anenwog hefyd yn gallu gweithio goblygiadau hynny allan drostynt eu hunain, a gall fod yn fater o bwys iddynt.

Gofynnais yn ddiweddar i fenyw pam yr oedd hi wedi gadael ei
heglwys pan ddaeth gweinidog newydd. "O" meddai "'allwn i
ddim gwrando ar y pregethwr hwn o Sul i Sul, mae ganddo
ormod o atebion, a rhy ychydig o gwestiynau." Sôn yr wyf felly
am amynedd sy'n fwy na thechneg seicolegol i'n helpu ni i
ymdopi â'n byd. Sôn yr wyf am amynedd sy'n ein galluogi i
wrthsefyll un o'r bygythiadau mwyaf niweidiol, os nad dieflig, i
Gristnogaeth yn y Gorllewin y dwthwn hwn, y gorawydd am
sicrwydd sy'n arwain yn anochel at ffug sicrwydd a gwirionedd
gau.

Rhodd Duw yw amynedd, medd Paul – ond ein gwaith ni yw
'ei wisgo' amdanom. Wrth wneud hynny ymdebygwn i Iesu,
oherwydd amynedd oedd un o'i nodweddion ef yn ôl y llythyr
cyntaf at y Thesaloniaid. Yr oedd Iesu'n amyneddgar yn ddiau
oherwydd, yn ôl y Llythyr at y Rhufeiniaid, un amyneddgar yw
Duw, y Creawdwr sy'n plannu, nid planhigion unflwydd, ond,
medd Eseia, coed, trigolion hynaf y ddaear.

A oes yna rinwedd Cristnogol sydd â mwy o angen arbennig
amdano ar gyfer ein dydd ni na rhinweddau eraill? Rhinwedd
sy'n rhan bwysig felly o aeddfedrwydd Cristnogol y dwthwn
hwn? Awgrymaf fod yna un, ac mai amynedd yw hwnnw.

3. Iachawdwriaeth

Mae Cristnogion drwy'r Gorllewin heddiw yn gofyn y cwestiwn – hyd yn oed yn America erbyn hyn, beth a ellir ei wneud yn wyneb y dadfeilio eglwysig cyfoes. Cynigir llu o atebion, o ddweud na fyddai problem pe deuai pawb i'r cwrdd, hyd at ddweud bod eisiau addasu'n hadeiladau, diweddaru'n haddoliad, newid strwythurau'n heglwysi, ac yn y blaen. Efallai na fyddai'r holl atebion yn addas ar gyfer pob sefyllfa, wrth gwrs, ond o'm rhan i, mewn egwyddor y mae lle iddynt i gyd – ar wahân i'r gyntaf uchod!

Ond mesur o'n difrifoldeb ni wrth ofyn y cwestiwn yw, pa mor ddwfn yr ydym yn fodlon mynd i chwilio am atebion. A ydym, er enghraifft, yn barod i ofyn a allai ein ffyrdd sylfaenol ni o ddeall ein ffydd fod yn gyfeiliornus? Ymateb Einstein i ffrwydro'r bom atomig oedd fod popeth wedi newid nawr, ond ein ffordd ni o feddwl. Dywedodd Ysgrifennydd Cyffredinol Undeb yr Annibynwyr, yng Nghyfarfodydd Blynyddol yr Undeb yng Nghriccieth y llynedd, fod angen i ni edrych o'r newydd ar ein diwinyddiaeth (ychwanegodd – gymaint o ddiwinyddiaeth ag sydd gennym!)

Mae'n anodd iawn edrych o'r newydd ar ein ffyrdd sylfaenol ni o ddeall ein ffydd, yn arbennig os ydym wedi arfer ystyried y ffyrdd hynny'n ffyrdd terfynol o'i deall. Er hynny, heddiw, mae gwybodaeth newydd, a mathau newydd o wybod, wedi arwain at newidiadau sylfaenol mewn ffyrdd o ddeall pethau ym mhob maes – cosmoleg, celfyddyd, athroniaeth, gwyddoniaeth, technoleg, addysg, busnes, y gyfraith, gwleidyddiaeth, ac yn y blaen. Ydyw hi'n debyg bod Cristnogaeth yn eithriad ymhlith y meysydd eraill hyn i gyd, y gall hi, a hi'n unig, fwrw ymlaen yng nghanol cyfanrwydd y newid hanesyddol sy'n digwydd i'r byd sy'n ei hamgylchynu ac sy'n faes cenhadol iddi, heb i unrhyw newid sylfaenol ddigwydd i'w ffyrdd hi o ddeall pethau? Cred rhai y byddai hynny'n annhebyg iawn i ffordd Duw o weithio yn hanes. 'Iesu Grist, yr un ydyw ddoe, heddiw ac am byth.' Wel, ie, ond beth am ein dirnadaeth ni ohono ef a'r efengyl?

Hanfod yr efengyl i'r mwyafrif ohonom yw'r darlun sydd gennym o iachawdwriaeth, a'r un darlun yn fras a etifeddodd y mwyafrif mawr o Gristnogion. Mae Douglas John Hall, cyn-Athro Diwinyddiaeth ym Mhrifysgol McGill ym Montreal, Canada, wedi codi'r cwestiwn, sut mae un darlun o iachawdwriaeth wedi meddiannu'r grefydd Gristnogol yn y Gorllewin yn llwyr. A phob llawlyfr ar ddiwinyddiaeth y gŵyr ef amdano yn disgrifio o leiaf tri darlun o iachawdwriaeth, mae'n syndod meddai, bod y bobl yn ein capeli (a llawer yn ein pulpudau), yn cymryd yn ganiataol nad oes ond un.

Beth bynnag am hynny, yn ôl yr un darlun hwnnw mae gagendor rhyngom a Duw oherwydd ein pechod, cosb dragwyddol a haeddwn felly, ond derbyniodd Duw aberth ei fab Iesu drosom ar y groes yn 'iawn' am ein pechodau, ac os 'credwn', cawn faddeuant a bywyd tragwyddol drwy ei waed. Mae'r darlun hwn mewn rhyw ffurf neu'i gilydd arno, yn fyw o hyd mewn cylchoedd efengylaidd, ond mae'n colli ei afael yn gynyddol yn y diwylliant Cristnogol yn gyffredinol, a chollodd ei rym yn llwyr i lawer o Gristnogion – er bod rhai o'r rheiny'n rhyw ddal ato am wahanol resymau.

Dyma rai o'r ffactorau sydd wedi tanseilio'r darlun traddodiadol hwn.

Yn ddiwylliannol: mae elfennau diwylliannol hen yn ganolog mewn rhai ffurfiau ohono. Er enghraifft, cyn ac wedi cwymp Rhufain yn 410, goresgynnwyd Ewrop gan lwythau Almaenig paganaidd. Dros ganrifoedd Cristioneiddiodd yr Eglwys y llwythau hyn. Ond dylanwadodd yr Almaenwyr yn eu tro ar fywyd a meddwl yr Eglwys, medd Andrew Walls, Athro

Emeritws 'Cristnogaeth yn y Byd Anorllewinol' ym Mhrifysgol
Caeredin. Er enghraifft, yr oedd cyfraith yn bwysig iawn yn eu
diwylliant hwy, ac am fod 'iawn' yn elfen bwysig yn eu
cyfreithiau, cafodd y syniad o 'iawn' le mwy canolog yn
niwinyddiaeth Eglwys y Gorllewin nag a gafodd erioed yn
Eglwysi Uniongred y Dwyrain. Heddiw ystyria llawer yr elfen
hon nid yn unig yn ddiwylliannol amrwd ond yn grefyddol
gyntefig, yn anghydnaws â'u deall hwy o Dduw.

Yn Feiblaidd: wedi i'r Holocawst beri i ddiwinyddion
Cristnogol ofyn sut y gallai'r fath erchylltra ddigwydd mewn
gwlad Gristnogol, bu rhaid iddynt gyda hyn wynebu nid yn unig
gasineb oesol Cristnogion tuag at Iddewon, ond dirmyg
Cristnogion o'r grefydd Iddewig hefyd, a dallineb Cristnogion i
binaclau'r Hen Destament, gan gynnwys y sôn ynddo am
Dduw'n maddau. Yn ôl y Mynegair i'r Beibl Cymraeg Newydd,
mae rhyw dri deg chwech o gyfeiriadau yn yr Hen Destament at
Dduw yn maddau, heb sôn am geisiadau i Dduw i faddau, neu i
beidio â maddau, a disgrifiadau ohono fel un y mae ganddo
faddeuant – 'Y mae gennyt ti faddeuant fel y cei dy ofni', a heb
sôn am adnodau megis 'Ni wnaeth â ni yn ôl ein pechodau'. Os
yw Duw'n maddau yn yr Hen Destament, yna fe gwyd y
cwestiwn, nid o berthynas y groes â maddeuant, ond o natur
perthynas y groes â maddeuant.

Yn ddiwinyddol: dyma ddau sylw ar y darlun traddodiadol.
Dywed Jürgen Moltmann, diwinydd o'r Almaen yn y traddodiad
Diwygiedig: '...*we have made the scandal of the cross tolerable to
ourselves by understanding it as a necessity for the process of
salvation. As a result the cross loses the bleakness inherent in its
arbitrary, incomprehensible character.*' Ac yn ôl Colin Gunton, os
yw Duw'n mynnu iawn am ein pechodau, a Iesu'n 'pledio' ar ein
rhan, fel y myn rhai ffurfiau ar y darlun traddodiadol o
iachawdwriaeth, mae gennym ddarlun o'r Tad a'r Mab, sy'n un yn
ôl Efengyl Ioan, yn groes i'w gilydd yn eu bwriadau.

Yn eglwysyddol: sôn y mae'r darlun hwn o iachawdwriaeth am
gymod personol â Duw. Un o *'besetting sins'* Cristnogaeth y
Gorllewin ers dyddiau Awstin, yn ôl Colin Gunton eto, yw *'self-
obsession'*. (Dyna un o'r sylwadau mwyaf deifiol ar hanes yr

Eglwys a ddarllenais i erioed.) Bu farw Awstin yn 430 – felly cafodd Cristnogaeth amser hir iawn i greu litwrgi ac i adeiladu systemau diwinyddol ac i gymell patrymau o dduwioldeb seiliedig ar wirioni ar yr hunan! Nid oedd y pwyslais hwn yn dyngedfennol drwy ganrifoedd cred, pan oedd bod yn ddinesydd yn cynnwys bod yn Gristion, a'r holl gymdeithas ar ryw ystyr felly'n 'Eglwys'. Ond daeth y cyfnod hwnnw i ben, mae Cristnogion yn gwmni ar wahân i'w cymdeithas nawr, a rhaid wrth le i'r gyfeillach Gristnogol mewn unrhyw ddarlun digonol o iachawdwriaeth heddiw.

Yn athronyddol: mae gwedd fetaffisegol i rai fersiynau o'r darlun traddodiadol o iachawdwriaeth, megis yn eu ffyrdd o sôn am rin gwaed Iesu. Ond daeth metaffiseg draddodiadol i ben gydag athroniaeth dechrau'r ganrif ddiwethaf. Nid yw'n gwneud synnwyr mwyach i esbonio marw Iesu ar y groes drwy ragdybio esboniadau athronyddol cyfrin.

Fy mhrofiad i yw bod y darlun traddodiadol o iachawdwriaeth mewn rhyw ffurf neu'i gilydd arno, wedi ei wreiddio mor ddwfn yn ymwybyddiaeth Cristnogion Cymraeg cyfoes – gweinidogion yn arbennig? – fel bod hyd yn oed y rhai y mae'r darlun wedi hen beidio â'u hargyhoeddi mewn gwirionedd yn ei chael hi bron yn amhosibl hyd yn oed edrych ar yr anawsterau hyn o ddifrif, heb sôn am ddymuno cael ateb iddynt. Hawdd deall hynny. Gall eu hwynebu fod yn boenus ac yn anodd. Golyga fynd yn erbyn y llif mewn mwy nag un ystyr. Ond nid yw'r anawsterau'n mynd i ddiflannu wrth i ni gladdu'n pennau yn y tywod. Beth bynnag am weddill yr ysgrif hon, rhaid i ni o leiaf wynebu'r anawsterau uchod (mae rhai eraill hefyd), os ydym, yn bersonol ac yn eglwysig, am fod yn onest yn feddyliol, a rhannu â'n gilydd a chyflwyno i eraill efengyl sy'n wirionedd.

Eithr un peth yw llacio gafael ar y darlun traddodiadol o iachawdwriaeth, peth arall yw cael darlun gwell. Ond tra collodd y darlun traddodiadol ei rym i lawer, agorodd thema arall nad oes sôn amdani yn y darlun hwnnw. Thema yw sydd nid yn unig yn gochel beirniadaethau Moltmann a Gunton uchod, ond sy'n dyrchafu gwerth marw Iesu drosom, ac sy'n ein rhyddhau hefyd i archwilio ystyron eraill i'r groes a esgeuluswyd ac a ddibrisiwyd gan Gristnogion hyd yma. Beth felly yw'r thema hon?

Mor bell yn ôl â 1920, ysgrifennodd C. H. Dodd lyfryn, 'The Meaning of Paul for Today', a ailgyhoeddwyd ym 1958 ac sy'n dal yn drysor. Ynddo dywed mai'r dasg a osododd Iesu iddo'i hun oedd, nid dysgu gwirionedd newydd yn unig, ond y dasg anoddach o fod yn Feseia, sef y dynged i gyflawni, hynny yw, i wau edafedd y gorffennol yn batrwm newydd, a golygai hynny yn bennaf, meddai Dodd, **ryddhau trysorau ffydd Israel i bawb.**

I gyflawni'r dynged honno, i ryddhau trysorau ffydd Israel, megis cyfiawnder a maddeuant Duw, i holl blant Adda, bu rhaid i Iesu herio culni cenedlaethol crefyddol ei bobl ef, plant Abraham, a gwnaeth hynny. Canmolodd ffydd milwr Rhufeinig ar draul eu ffydd hwy – 'ni chefais gan neb yn Israel ffydd mor fawr'; a Samariad, cynrychiolydd pobl dirmygedig gan Iddewon, a gymerodd Iesu'n enghraifft o gymydog da, ar draul hyd yn oed bugeiliaid ei bobl – aeth offeiriad a Lefiad heibio. I reolwyr crefyddol y genedl yr oedd hynny'n fygythiad sylfaenol, a threfnwyd ganddynt i Iesu gael ei ladd – am iddo agor drysau eu crefydd led y pen. Mae'r groes yn gloddfa ddihysbydd o ystyron diwaelod, ond beth bynnag arall a wnawn ohoni, dyna'r rheswm hanesyddol am farw Iesu.

Deallai'r Eglwys Fore fod bod yn agored i bawb o hanfod eu ffydd. Eu profiad mawr cyntaf wedi'r Atgyfodiad oedd y Pentecost – '...llanwyd hwy oll â'r Ysbryd Glân, a dechreusant lefaru â thafodau dieithr. Yr oeddent yn synnu a rhyfeddu, ac meddent, "Onid Galileaid yw'r rhain oll sy'n llefaru? A sut yr ydym yn eu clywed bob un ohonom yn ei iaith ei hun?"' Parodd yr Ysbryd newydd fod y neges am 'weithredoedd Duw' yn hygyrch, yn *accessible*, i bawb!

Peryglwyd yr hygyrchedd hwn mor gynnar â chenhadaeth Paul. Iddewon oedd dilynwyr cyntaf Iesu, enwaedid pob gwryw Iddewig, gan gynnwys Iesu – nod yn y corff o berthyn i bobl Dduw. Credai dilynwyr Iddewig cyntaf Iesu felly fod enwaedu'n amod i ŵr berthyn i bobl newydd Duw. Gwelodd Paul, apostol y cenhedloedd, fod y cyfyngiad hwn yn nacáu hanfod yr efengyl, brwydrodd yn ei erbyn, a'i fuddugoliaeth yn hynny oedd ei rodd fwyaf i'r eglwys efallai.

Ond yn ôl Rowan Williams, yn fuan trodd yr Eglwys, a aned fel protest yn erbyn ysbryd llwythol Iddewiaeth, yn fudiad llwythol ei hunan, gyda'r un gwahaniaeth bod y llwyth Cristnogol yn fwy na'r un Iddewig! Gwrthodwyd enwaedu Iddewig fel amod perthyn i bobl Dduw, ond rhoddwyd enwaediadau newydd 'Cristnogol' yn ei le. Heriodd yr Eglwys hawl Israel i fod yn bobl Dduw, nid drwy fod yn gymuned agored, ond drwy hawlio'i model hi o iachawdwriaeth fel yr unig ffordd, a 'gwrthod' iachawdwriaeth i'r neb na dderbyniai ei hamodau hi. Gyda hyn, yn enw Iesu, llosgodd lawer na wnaeth hynny!

Parhaodd y gwyriad anhygoel hwn i lawr dros y canrifoedd. Efallai fod a fynno terfynau a rheidiau hanes â hynny i raddau. Gwnaeth yr Eglwys waith aruthrol ac anhepgor dros y canrifoedd hynny wrth gwrs – clywodd trueiniaid ganddi am fyd gwell, cawsant elusen a dysg ar law mynach a lleian, cyhoeddodd ymneilltuwyr nad oes 'brenin' ond Iesu, ac aed â'r efengyl i bedwar ban byd. Ond ei gogwydd oedd codi muriau yn hytrach na'u dymchwel, ac nid yw'r duedd honno wedi darfod eto. Os yw'r Eglwys yn y Gorllewin heddiw am osgoi gwneud niwed dirfawr, os nad angheuol, i'r efengyl yn ei rhan hi o'r byd, rhaid iddi ailafael yn ei galwad gyntaf, yr alwad i beidio â bod yn grefydd lwythol, yr alwad i fod yn gymuned eang, gynhwysfawr.

Golyga hynny gydnabod na all yr un credo ddiwinyddol ddiffinio meddwl a phwrpas Duw. Dylai Cristnogion geisio mynegi eu cred, ond gwneud hynny yn ysbryd cynhadledd o Annibynwyr America yn Kansas ym 1913, a **ddisgrifiodd** ddaliadau mwyafrif Annibynwyr America ar y pryd, yn hytrach na **diffinio** eu ffydd.

Golyga addef na all na'r un cyfundrefn o addoli, na'r un drefn eglwysig, na'r un patrwm o dduwioldeb, gwmpasu sianelau gras. Yn ymarferol, rhaid wrth reolau eglwysig, ond dylid cofio, fel y dywed Roger Shinn, diwinydd o Eglwys Unedig Crist yn yr Unol Daleithiau, mai'r unig beth a ddylai gadw neb allan o'r Eglwys yn y diwedd, yw bod yr Eglwys yn fwy ymroddgar a graslon nag y gall ef neu hi ei ddioddef.

Golyga ddeall y gellir siarad am Dduw, ond na ellir siarad drosto, neu drosti, dweud pethau na ellid eu trafod fyddai hynny, a dyna yw siarad anonest. Golyga na ellir siarad am 'yr holl drefn', rhaid wrth droedle y tu allan i bopeth i wneud hynny, ac nid oes gennym y fath droedle. Golyga na ellir haeru bod gennym ateb i bob dim, gwna hynny hi'n amhosibl i ni sgwrsio â chrefyddau eraill, a bydd hynny'n ein hysgaru oddi wrth yr hunanddeall a ddaw o ymdaro â nhw.

Golyga weld nad **ateb** i bopeth yw Iesu, er i'r Eglwys haeru hynny'n aml, a dyrchafu ei hun dan gochl ei ddyrchafu ef. **Cwestiwn** Duw i'r Eglwys yw Iesu, medd Rowan Williams eto. A'r cwestiwn yw, a yw hi'n fwy na chymuned lwythol, a yw'n gymuned nad oes neb ynddi'n penderfynu hunaniaeth neb arall, yn gymuned y mae pob trafod ac anghytuno'n bosibl o'i mewn, yn gymuned â diddordeb ganddi ym mhob amrywiaeth ac ymdrech ac angen dynol. Drwy'r cwestiwn hwn gwna Iesu Dduw'n bresennol i ni, a thrwom ni i gymunedau dynol eraill. Nid y '**fy** Iesu' sy'n dilyn y model traddodiadol o iachawdwriaeth mor rhwydd mewn emynau a gweddïau a phregethau yw'r Iesu hwn yn gyntaf oll, ond Iesu '**ein** heddwch'. Tasg pobl Dduw yn yr Hen Destament oedd dangos posibiliadau byw pobl ynghyd pan ildient i wasgfa Duw arnynt, a thasg pobl Dduw yn y Testament Newydd ac wedi hynny yw dangos posibiliadau byw pobl ynghyd pan ildiant i wasgfa Duw arnynt drwy Iesu.

Trysorau'r ffydd Iddewig, a gwersi newydd a ddysgodd Iesu mewn gair a gweithred, wedi eu hymgorffori mewn cymuned agored gynhwysfawr y bu dioddefaint Iesu'n boenau esgor iddi, yw seiliau iachawdwriaeth Gristnogol gyflawn. Dyna yw cyd-gyswllt pechod ac edifeirwch a gras a'r Atgyfodiad a'r Pentecost, a chyd-gyswllt addoli ac addysg a chenhadaeth yr Eglwys. Eglwysi sy'n fynegiant o hyn oll **yw'r** *kerugma,* **yw'r** neges heddiw, ac mae'r gred honno ar gynnydd, nid yn unig ymhlith meddylwyr Cristnogol Gorllewinol, ond ymhlith meddylwyr Cristnogol yn y byd Anorllewinol hefyd.

Mae rhai yn ein cynulleidfaoedd y collodd yr hen ddarlun o iachawdwriaeth ei rym iddynt, yn disgwyl am ddarlun gwell mewn gweddi a phregeth. Eisoes, yn eu dewis o emynau ar gyfer angladd er enghraifft, maent yn symud ymlaen yn dawel at themâu digon gwahanol i themâu'r emynau sy'n mynegi'r hen fodel o iachawdwriaeth. Dal ati i simsanu y mae eraill, fel pwyllgor 'Caneuon Ffydd', a gynhwysodd mewn llyfr emynau newydd a da, emyn ag ynddo linell ddiwinyddol-gyntefig fel 'a'r Tad yn gweiddi, "Bodlon"...'.

Sonia Rubem Alves, Athro Athroniaeth yn Sao Paulo, Brasil, am ddad-ddysgu, syniad ymhlith y pwysicaf oll i ni Gristnogion yn ein cyfwng presennol. Gellir ychwanegu ambell beth a ddysgwn, meddai, at yr hyn a wyddom eisoes. Gall y math hwnnw ar ddysgu fod yn gymharol rwydd, a siawns na fydd gan fawr o neb wrthwynebiad iddo. Ond 'does dim modd dysgu ambell wirionedd, medd Alves – nid ei ddeall, nid cytuno ag ef, ond ei ddysgu mewn ffordd sy'n ein newid ni – heb ddad-ddysgu hen wirionedd sy'n groes iddo. A dyna'r dysgu crefyddol sy'n anodd. Gall dad-ddysgu cred a fu'n gawell ffydd i ni drwy emyn a defosiwn, cred a goleddwyd gan rywun neu rywrai annwyl iawn i ni, cred sy'n wleidyddol gywir mewn cwmni y perthynwn iddo, deimlo i ni ein hunain fel brad, a pheri efallai mai fel gwrthgilwyr y meddylia rhai eraill amdanom.

Ond oherwydd i rai a'n blaenorodd yn y ffydd ddad-ddysgu arferion a chredoau a oedd yn annwyl a chysegredig iddynt hwy, y cawsom ni rai o'r arferion a'r credoau a ddaeth â ni at ffydd. Gallwn ni sy'n Brotestaniaid, er enghraifft, fentro na chafodd pob un o'r Protestaniaid cyntaf hi'n rhwydd i roi'r gorau i fynd at offeiriad am faddeuant, ac i ymwrthod â'r ddysgeidiaeth am yr offeren, ac i gefnu ar rai o athrawiaethau Eglwys yr Oesoedd Canol. Heddiw, gelwir arnom ninnau i fod yn ddigon crediniol-fentrus i'w dilyn yn **hynny**! Ac weithiau o leiaf, mater o ddewrder moesol, a dim arall, fydd y dilyn hwnnw.

Na thwyllwn ein hunain drwy gredu y gallwn ni, Gristnogion, fwy na neb arall, fynd drwy fedydd tân y cyfnod cyfnewidiol hwn a roddodd Duw i ni'n amser i dystiolaethu ynddo, heb orfod wynebu newidiadau. Nid newidiadau bychain, cosmetig, ond rhai mor sylfaenol ag ystyr yr iachawdwriaeth a gynigir i ni, yr iachawdwriaeth y'n gelwir ninnau i'w rhannu ag eraill.

4. Pregethu

Y pregethu sydd gen i mewn golwg yw'r pregethu litwrgïaidd sy'n digwydd ar awr arbennig gerbron cynulleidfa ddisgwyliedig, mewn oedfa y tu mewn i furiau adeilad a godwyd ar gyfer hynny, llawer ohono'n bregethu addysgol a bugeiliol, ond weithiau'n bregethu proffwydol hefyd. Bu rhai'n darogan ers tro bod dyddiau pregethu felly'n dirwyn i ben, ond mae'n bod o hyd, a'r dewis i'r rhai sy'n ei gyflawni yw nid pregethu neu beidio, ond pregethu cystal ag y gallant neu beidio.

Dysgais i'r wers orau a ddysgais erioed am bregethu o'r fath, mewn oedfa ar noson waith i ddathlu canmlwyddiant achos. Yr oedd dau bregethwr, ac yr oedd yr ail, y prif bregethwr, nid yn unig yn seraff yn ei enwad ei hun, ond yn adnabyddus ymhlith yr holl enwadau Anghydffurfiol – pregethwr poblogaidd ond safonol, a pherson rhagorol. Yr oedd ei bregeth yn ddifyr, ac yr oedd fframwaith da iddi. Yr oedd ynddi linellau cofiadwy, dyfyniadau perthnasol, eglurebau da, neges glir, ac fe'i traddodwyd yn anghyffredin o feistrolgar.

Ond er nad oedd y pregethwr wedi cyrraedd ei hanner cant, yr oedd ei bregeth ar ei phensiwn. Yr oedd yn amlwg oddi wrth ei naws a'i gogwydd hi mai ar gyfer rhyw adeg yn ôl yn y gorffennol pell y cyfansoddwyd hi gyntaf. Os trawodd pob gair ynddi ddeuddeg bryd hynny, ni wnâi pob un ohonynt hynny mwyach. Os oedd manylion a chyfeiriadau amserol yn y ffurf wreiddiol, gollyngwyd y rheiny bellach, ac nid oedd dim manylion a chyfeiriadau newydd amserol wedi cymryd eu lle.

Nid pregeth oddi wrth y dyn a safai o'n blaen ni a gawsom

felly, ond pregeth oddi wrth pwy bynnag oedd ef pan luniodd y bregeth, heb y min a allasai fod ynddo pan luniodd hi – a bwrw bod cyfeiriadau amserol ynddi bryd hynny. Mewn gwirionedd, nid llais a glywem, ond adlais. Nid oedd y pregethwr ger ein bron yn gwbl bresennol i ni.

Yr oedd pregeth y pregethwr cyntaf yn tanlinellu hynny. Er ei fod yntau'n bregethwr gwell na'r cyffredin, mae'n amheus gen i a gawsai wahoddiad i bregethu ar yr achlysur hwn, oni bai mai efe oedd yr unig un a godwyd i bregethu erioed o'r eglwys a oedd yn dathlu! Eithr yr oedd yn amlwg bod ei bregeth ef wedi ei llifio a'i naddu ar gyfer y noson honno, ac yr oedd arogl y siop saer arni o hyd. Yn wir, yr oedd naws anorffenedig yn ei chylch hi, yr oedd blas *'unworn'* arni, fel y dywedai'r bardd Patrick Kavanagh efallai. Bron na theimlai dyn nad oedd hi ddim – a newid y gyffelybiaeth – wedi gadael y groth yn iawn eto, a bod arni ein hangen ni'r gwrandawyr yn fydwragedd i helpu gyda'r ymwthiad terfynol a ddeuai â hi allan i'r byd, yn felyn-biws, wedi crino, ond yn newydd. Eto, nid newydd-deb y bregeth oedd ei phrif nodwedd, gall pregeth gael ei geni'n hen.

Disgrifiodd yr Athro John Skinner broffwyd yr wythfed ganrif cyn Crist fel un a ddefnyddiai'r wybodaeth lawnaf a oedd ganddo am Dduw i ddehongli'r byd o'i gwmpas, ac wrth wneud hynny deuai â gwybodaeth newydd am Dduw i'r golau weithiau. Hynny a wnaeth y pregethwr cyntaf hwnnw. Yr oedd yn eglur ei fod ef yn sefyll ar linell flaen ei gred am Dduw y foment honno, ac o'r fan yna edrychai allan, gan ddefnyddio'i gred i ddehongli a goleuo'r sefyllfa a rannai â ninnau ei wrandawyr. Yr oedd fel pe bai ei holl feddylfryd a'i osgo'n dweud wrthym, gyda rhyfeddod ffres, "gwrandewch ar yr hyn a ddysgais i wrth baratoi'r bregeth hon yn unswydd ar eich cyfer chi". Llais a glywem, nid adlais. Yr oedd y pregethwr hwn yn gwbl bresennol i ni yn ei bregeth. Sylwais ar fy ymateb, a chofiais sylw John Wesley am ei galon *'being strangely warmed'* yn yr oedfa y cafodd ef ei dröedigaeth ynddi.

Mae mwy nag un ffordd i bregethwr fethu â bod yn gwbl bresennol i'w gynulleidfa – neu i'w chynulleidfa. Un yw drwy gynnig iddi bregeth amhenodol ac amhersonol. Clywais sawl pregeth felly y blynyddoedd diwethaf hyn, dwy ar yr un testun yn union, a'r ddwy honno, yn rhyfedd, ar ddau Sul canlynol hefyd – gan bregethwyr o enwadau eraill, wrth gwrs! Cefndir y testun hwnnw oedd yr hanes ar ddiwedd y bennod gyntaf o Efengyl Ioan am Philip yn dweud wrth Nathanael eu bod wedi darganfod "y gŵr yr ysgrifennodd Moses yn y Gyfraith amdano, a'r proffwydi hefyd, Iesu fab Joseff o Nasareth". Ymateb Nathanael oedd, "A all dim da ddod o Nasareth?" Dywedodd Philip, "Tyrd i weld" – a'r geiriau hynny oedd testun y ddwy bregeth. Neges y ddwy bregeth oedd mai gwaith yr Eglwys heddiw yw gwahodd ac arwain pobl i weld Iesu. Ond codai'r testun gwestiwn amlwg iawn na ddangosodd yr un o'r ddau bregethwr ei fod yn ymwybodol ohono o gwbl. Gallai Philip arwain Nathanael yn llythrennol at Iesu, ond beth yw arwain pobl i weld Iesu heddiw? Yn y fan honno y dylai'r pregethau ddechrau o ddifrif, ac wrth ddweud wrthym beth yn eu golwg hwy a olygai hynny y byddai'r pregethwyr yn presenoli eu hunain yn eu pregethau.

Nid pregethau a gawsom gan y ddau bregethwr hyn felly, ond rhagymadroddion oesol i bregeth. Pa un a oeddent yn ymwybodol o hynny ai peidio, yr oedd y ddau yn dal rhan bwysig iawn ohonynt eu hunain yn ôl oddi wrthym ni eu cynulleidfa, neu yr oedd hynny'n cael ei ddal yn ôl ynddynt am ryw reswm. Nid oeddent yn gwbl bresennol i ni beth bynnag.

Gall pregethwr fethu â bod yn gwbl bresennol mewn pregeth hefyd drwy beidio â chael ei effeithio ei hunan ganddi. Jeremeia, medd Skinner eto, oedd pinacl y mudiad proffwydol, oherwydd ni chafodd y proffwydi o'i flaen eu cyffroi eu hunain gan y neges a roddodd Duw iddynt i'w chyflwyno i Israel, tra bod Jeremeia wedi derbyn i'w galon ef ei hun y negeseuon a ymddiriedwyd iddo ef gan Dduw i'w cyflwyno i Israel. Nid oes galw ar bregethwr i fod gant y cant y tu ôl i bob brawddeg o'i eiddo, mae lle i ddyfalu ac ensynio a dychmygu, ond dylai fod rhyw arwydd mewn pregeth fod y pregethwr ei hun yn fwy na sianel i'w bregeth, ei fod yn gwneud mwy nag estyn y neges ymlaen. Dylai fod arwydd ynddi ei fod wedi cael ei gyffroi ei hun i ryw raddau gan ei neges, fod ei neges wedi gafael ynddo ef ar ryw wastad.

Gall pregethwr fethu â bod yn bresennol yn ei bregeth hyd yn oed o achos ffurf ei bregeth! Wedi i mi draddodi pregeth un bore Sul, yr hyn y diolchodd un gwrandäwr i mi amdano oedd fy nhraethawd. Gwyddwn ymlaen llaw am ei allu i roi negeseuon mewn un gair! Dweud yr oedd fy mod i, yn lle ei annerch ef a phawb arall yn y gynulleidfa y bore hwnnw, wedi cynnig iddynt syniadau i'w hystyried. Darllenais am gyhoeddwr na chyhoeddai ond llyfrau a ystyriai ef yn llyfrau iawn. Galwai lyfrau nad ystyriai'n llyfrau iawn yn *ooks*. Dweud wnaeth fy meirniad innau na fûm yn gwbl bresennol i'm cynulleidfa fel pregethwr y bore hwnnw, mai traddodi *egeth* a wneuthum i.

Fe'm gwnaed yn ymwybodol gan y prif bregethwr yn y cyfarfod dathlu canmlwyddiant hwnnw, mai'r peth pwysicaf oll i bregethwr yw bod yn gwbl bresennol yn ei bregeth, ac mai'r ffordd sicraf i bregethwr fethu â bod yn bresennol yn ei bregeth yw drwy adael i bwy oedd ef yn y gorffennol siarad ynddi, a hynny efallai oherwydd nad yw ei bregethu yn cadw lan â'i brofiad, neu'n fwy difrifol, oherwydd nad yw ef wedi symud ymlaen yn ei brofiad.

Dylai pob Cristion symud ymlaen yn ei brofiad. Mewn erthygl ar yr Eglwys, defnyddiodd dyn o'r enw Wes Seeliger, na wn i ddim amdano heblaw ei enw, ddau fath ar Americanwr gwyn cynnar i ddisgrifio Cristnogion. Un math yw'r ymsefydlwr. Iddo ef, neuadd y dref, a llys barn ynddi, yw'r eglwys, Duw yw'r maer yno, Iesu yw'r siryf, a phechod yw torri'r gyfraith. Ond y gwir Gristion yw'r arloeswr, meddai Seeliger. Iddo ef, wagen ar daith yw'r eglwys, arweinydd ar y ffordd yw Duw, Iesu yw'r sgowt sy'n mynd ymlaen i brofi'r peryglon, a phechod yw troi'n ôl. Byddai John Wayne yn siŵr o gyfarch yr arloeswr fel – *'pilgrim!'*

Rhan fawr o bererindod Gristnogol pregethwr yw'r hyn a eilw un awdur – *the preaching stint*. Dylai pregethwr fod yn bererin yn ei bregethu felly, yn ogystal ag yn agweddau eraill ei fywyd, a dylai ei bregethu fod yn gofnod o'i bererindod bregethwrol. Ni ddylai hynny eithrio ei bererindod yn ei ddeall o ddigwyddiadau allweddol y ffydd chwaith! Roedd gen i unwaith gymydog na welwn i ddim bai o gwbl arno fel pregethwr – ond un. Er mawredd dirgelwch yr Atgyfodiad, ac er i lyfrau gael eu cyhoeddi

Helaetha Dy Babell

Daeth tyrfa fawr i'r cyfarfod a gynhaliwyd ar 13eg Mai yng Nghanolfan Dylan Thomas, Abertawe, i lansio *Helaetha Dy Babell*, cyfrol o ysgrifau crefyddol gan y Parchedig Ddr Vivian Jones. Siaradodd y tri gŵr gwadd (J. Ronald Williams, Caernarfon; F.M. Jones, Abertawe; W.I. Cynwil Williams, Caerdydd), pob un yn ei ffordd unigryw ei hun, am eu cysylltiadau â'r awdur a rhoi rhagflas ar y llyfr trwy gyfeirio at rannau ohono.

Ceir adolygiad o'r llyfr yn y *Pedwar Tudalen* cyn hir.

Y Parchgn Cynwil Williams, F.M.Jones, Vivian Jones a Ronald Williams

Cyhoeddwyd gan Wasg Morgannwg, Ystad Ddiwydiannol Mynachlog Nedd, Castell-nedd, SA10 7DR. Ffôn: 01792 815152. Cofrestrwyd yn y Swyddfa Bost.

gwahanol ar wedd ... yn wir, ymddengys y gyfrol hon mewn cyfres sy'n dwyn y teitl *The Bible Speaks Today*. Fe'i hysgrifennwyd mewn arddull deniadol a bywiog gyda amryw o eglurebau reit syml a chartrefol, er, efallai, i un neu ddwy ohonynt fod braidd yn arwynebol. Dyfynnir yn helaeth ac yn effeithiol o waith rhychwant reit eang o awduron, gan gynnwys nid yn unig rai efengylaidd sydd agosaf at safbwynt yr awdur, ond hefyd ddiwinyddion megis Barth a Bonhoeffer. Eglurir termau a geiriau anghyfarwydd yn gyson. Seilir y trafodaethau ar gyfieithiad ceidwadol y *New International Version*. Felly, ni ellir disgwyl cael iaith gynhwysol yma, mwy nag a geir bob tro, gyda llaw, yn y diwygiad o'r *Beibl Cymraeg Newydd*: gweler e.e. Gen.1:26-7.

Yn rhan gyntaf y gyfrol trafodir 'Seiliau Gweddi' gan bwysleisio'r perspectif trindodaidd: rydym yn adnabod Duw fel Tad drwy'r Mab, a geilw'r Tad arnom i'w gyfarch felly drwy'r Ysbryd. '*True prayer is thoroughly trinitarian and can only be trinitarian*' (t.64). Er hynny, teimlaf braidd

4) Brenin Aram Naharaim oedd Cusan-Risathaim.

5) Diolch am arweiniad yn Israel, i'r bobl ymroi o'u gwirfodd, bendithio'r Arglwydd am ei holl weithredoedd a'u gwaredu o'u gelynion; a dileu'r duwiau newydd oedd yn achosi rhwyg, yn hytrach bendithiwyr yr Arglwydd.

6) Gan ddal ffaglen yn ei llaw chwith a'r utgorn i'w seinio yn eu llaw dde; gwaeddant: 'Cleddyf yr Arglwydd a Gideon', a thra seiniodd y tri chant eu hytgyrn trodd yr Arglwydd gleddyf pob un yn erbyn ei gymydog, a ffoesant cyn belled â Bethsitta yn Serena.

7) Gofynnodd Gideon am un peth gan wŷr Israel sef i bob un roi iddo glustlws o'u hysbail.

8) 'Gwrandewch arnaf fi, O wŷr Sichem, fel y gwrandewo Duw arnoch chwithau.'

9) Gofynnodd, 'Beth sydd gennych yn f'erbyn, dy fod wedi dod i ymosod ar fy ngwlad?' Ac yna, 'Ni chymerodd Israel dir Moab na thir yr Ammeniaid'.

10) Ibson o Fethlehem yn Farnwr ar Israel; Elon o Sablona farnodd Israel am ddeng mlynedd, ac Abdon, mab Hibel y Pirathon oedd farnwr ar Israel am wyth mlynedd.

11) Canys Nasaread i Dduw fydd y bachgen o'r groth: ac efe a ddechreu waredu Israel o law y Philistiaid.

12) Bu y ferch o Timna'n wylo am saith diwrnod ac yn ei flino.

Anfonwch eich llythyron, erthyglau at Olygydd y Pedair Tudalen, Y Parchedig Ddr. D. Ben Rees, 32 Garth Drive, Lerpwl L18 6HW. E bost: ben@garthdrive.fsnet.co.uk arno'n gyson, a'i fod yntau fel pob Cristion yn cael ei alw i fyw'r ffaith bob dydd, pe darllenech ei bregethau Pasg o flwyddyn i flwyddyn, gwelech amrywiaeth yn ei ddull o gyflwyno neges y Pasg, ond ni welech ynddynt ddim tyfiant o un flwyddyn i'r llall yn ei amgyffred o ystyr yr Atgyfodiad.

Synnais yn aml at ddiffyg ymwybyddiaeth ymhlith pregethwyr newydd, am bregethu fel pererindod. Awgrymais un diwrnod i weinidogion iau y gweithiwn gyda nhw ar y pryd, ein bod yn trafod pregethu, ond ar ôl un sesiwn yn unig 'doedden nhw ddim eisiau cyfarfod eto, ac er bod yr eglwys yn un fawr yng nghanol dinas, ni welais erioed ond un o nifer o weinidogion ifainc a weithiodd yno, yn hwyrfrydig i bregethu. Yn wir, gwelais sawl un – un neu ddau ohonynt heb fawr o allu – a oedd ar frys mawr i gyrraedd y pulpud, heb nac ofn nac arswyd. Dywed adolygwr llyfr diweddar ar bregethu fod gweinidogion newydd heddiw'n hawlio'u llais eu hunain yn syth – gwahanol iawn i rai o broffwydi'r Hen Destament y cymharwn ni bregethwyr ein hunain iddynt mor aml.

Dylai pererin o bregethwr symud ymlaen i ddechrau drwy ddal i ddysgu. Mae'n bwysig dysgu mwy a mwy o wybodaeth gyffredinol am y byd y mae ei wrandawyr ac yntau'n byw ynddo. Ar un cyfnod yn fy mhererindod bregethwrol i cymerwn allan o'r llyfrgell gyhoeddus bob mis un llyfr ar faes na wyddwn i ddim o gwbl yn ei gylch. Nid yn unig y mae gwerth cynhenid mewn gwybodaeth gyffredinol, ond gall fod yn ffynhonnell o eglurebau sy'n goleuo ac yn ennyn diddordeb gwrandawyr. Gall gwedd fugeiliol fod iddi hefyd. Wedi i mi sôn mewn pregeth un tro am 'blatiau tectonig', daeth aelod newydd nad oeddwn braidd yn ei hadnabod ataf a dweud na chlywsai am y rheiny erioed o'r blaen mewn pregeth. Deëllais yn ystod ein sgwrs mai Athro Daeareg yn y Brifysgol gyfagos oedd hi! Ond heblaw iddi gael boddhad ac ystyr ychwanegol yn y cwrdd oherwydd i rywbeth yn ei maes hi gael ei arddel ar goedd ynddo, cefais yr argraff iddi gael ei denu'n nes at y weithred o bregethu mewn modd a allai fod yn barhaol.

Mae'n bwysig i bregethwr hefyd ddysgu rhagor o'r mathau ar bethau a ddysgwyd ganddo neu ganddi yn y cwrs diwinyddol. Mae'n bwysig casglu mwy a mwy o wybodaeth Feiblaidd o bob math, yn arbennig gwybodaeth Feiblaidd sy'n taflu golau newydd ar destunau cyfarwydd, ac sy'n ymdrin â thestunau lle mae'r Beibl a bywyd yn cyfarfod heddiw. Mae eisiau casglu gwybodaeth ynghylch hanes eglwysig, hanes eglwysig Cymru wrth gwrs, ond hefyd hynt a helynt ymarferol a diwinyddol yr holl Eglwys fyd-eang ddoe a heddiw, rhag cyflwyno i bobl ddarlun o Dduw sy'n ddim namyn yr hyn a eilw Andrew Walls yn *'a denominational and a territorial Baal'*. Ac mae eisiau ymgydnabod, hyd y gellir, nid yn unig â hanes diwinyddiaeth, ond â naws feddyliol a diwinyddol ein dydd, sy'n dangos mor fonolithig ac imperialaidd y bu cymaint o ddiwinydda yn y gorffennol, ac mor amlweddog yw'r efengyl, pe na bai ond oherwydd bod gennym bedwar fersiwn ohoni.

Mae'n bwysig dysgu agweddau a sgiliau newydd. Dylid ceisio meithrin chwaeth, i synhwyro pa bryd i roi hoe i ambell air a syniad, ac i adnabod ymadrodd ffres sy'n goleuo gwirionedd a aeth yn ystrydebol. Dylid dysgu casáu'n reddfol y gwael mewn pregethu – yr anaeddfed, y rhwydd, y sebonllyd, y ffugdeimladol, y pitw, y rhwysgfawr, a'r *façade* sy'n cuddio diffyg ymdrech a diffyg sylw i fanylion. Dylid ymddisgyblu hefyd i drefnu meddyliau'n effeithiol, ac i ymresymu'n gadarn, fel na bydd gwrandäwr yn gorfod dyfalu ar ganol pregeth – beth yw'r cyswllt rhwng yr hyn sy'n cael ei ddweud nawr, a'r hyn a ddywedwyd funud yn ôl.

Dylai pregethwr ddatblygu cryfderau personol – megis yr hyder i ffurfio ei farn ef ei hunan, a dewrder i'w fynegi. Gall awydd pregethwr i gael ei hoffi drwy blesio pobl fod yn orgryf, a bydd rhai'n gorgymhwyso, fel pe bai dweud pethau amhoblogaidd yn arwydd diymwad o broffwyd. Ond y mae'r efengyl yn wirioneddol groes i'r diwylliant cyfoes weithiau – gan gynnwys y diwylliant eglwysig cyfoes – a rhaid i'r pregethwr lyncu ei boer wedyn a mynd ati. A dylai gymryd camau ymlaen mewn integriti, sy'n golygu dysgu wynebu safbwyntiau dieithr a gwahanol yn onest, a phan gaiff ei argyhoeddi gan ffordd newydd arwyddocaol o weld pethau, yn hytrach na dim ond sôn amdani dro neu ddwy, ac yna cefnu arni, ei chymhwyso i'w holl ddull o feddwl, 'waeth pa faint o anghysur a dryswch dros dro y gallai hynny ei olygu.

Dylai pregethwr gymryd camau ymlaen yn ei ymdeimlad a'i argyhoeddiad o bwysigrwydd y gymdeithas mewn eglwys hefyd. Dywedwyd am bregethwyr y gorffennol mai eu gwendid oedd creu cynulleidfaoedd o wrandawyr, yn hytrach na chymunedau. Tra bod angen cyrraedd pob gwrandäwr yn bersonol, creu cymdeithas Gristnogol yw amcan pennaf y weithred o bregethu. Rhaid i neges y pregethwr fod nid yn unig yn ddwfn o bersonol, ond hefyd, ys dywed C. H. Dodd, yn 'widely human.'

Y mae cryfder arall y mae angen i bregethwr dyfu ynddo'n fwy na'r un. Dechreuais drwy ddisgrifio pregeth a glywais un noson waith gan 'seraff' pulpudol mewn oedfa i ddathlu canmlwyddiant eglwys, pregeth nad oedd hi ddim, i ddechrau, yn newydd. Yr oedd y pregethwr hwnnw'n cyfansoddi dwy bregeth bob Sul i'r eglwys yr oedd yn weinidog iddi – pregethau y gallwn gredu ei fod ef yn fwy presennol ynddynt nag yr oedd yn y bregeth y soniaf fi amdani yma nawr! Yr oedd hefyd yn bregethwr â galw mawr am ei wasanaeth mewn oedfaon arbennig gan eglwysi eraill. Ni ellid disgwyl i ŵr mor brysur gynhyrchu pregeth wahanol ar gyfer pob amgylchiad arbennig, ac nid oes dim o'i le mewn pregethu pregeth sawl gwaith. Ond yr oedd mwy na hynny'n mynd ymlaen y noson honno. Nid oedd y bregeth hyd yn oed yn gymharol ddiweddar, ac fe'i 'diweddarwyd' er gwaeth. Nid wyf yn amau nad oedd y pregethwr hwnnw, am iddo gael ei fagu mewn ethos eglwysig a wnaeth rinwedd mawr o bregethau caboledig, cain, yn credu mai pregeth felly y disgwylid oddi wrtho (a dichon ei fod yn iawn), mai pregeth felly y galwai'r achlysur amdani hefyd, ac oherwydd hynny, fel y gwnâi'n aml ar achlysur o'r fath efallai, y noson honno dewisodd bregethu pregeth hen iawn a chaboledig iawn.

Fel y dywedais, mae sgiliau ynghlwm wrth bregethu, a dylai pregethwr geisio eu meistroli, ond wrth gwrs, nid sgiliau sydd bwysicaf wrth bregethu. Soniodd Michael Foster, athronydd o Rydychen, yn ei lyfr 'Mystery and Religion', am efengylydd a dreuliodd oes yn mynd o gwmpas tai, yn dweud yn ei hunangofiant nad oedd erioed wedi curo ar ddrws heb fod rhan o'i berson yn gobeithio nad oedd neb gartref! Canmola Foster ef am beidio â darostwng ei efengylu yn llwyr i dechneg. Mae Paul yntau ar ddechrau ei lythyr cyntaf at y Corinthiaid yn dweud iddo ef ymwrthod â 'doethineb geiriau' a rhagori mewn 'huodledd' wrth bregethu'r efengyl i'r Corinthiaid – er iddo, ond yn anfwriadol, fod yn anghyffredin o huawdl yn y drydedd bennod ar ddeg.

Dywedodd y bardd R. S. Thomas y peth yn ei ffordd ei hun, a chan iddo fod yn offeiriad yn ogystal â bardd, dichon y cyfeiriai at ei bregethu yn ogystal ag at ei farddoni:

> One thing I have asked
> Of the disposer of the issues
> Of life, that truth should defer
> To beauty. It was not granted.

Pan wnawn ni ddewis, yn aml iawn mae clwstwr o ddewisiadau eraill ymhlyg yn yr un dewis hwnnw. Wrth ddewis y math ar bregeth y tybiai a ddisgwylid oddi wrtho y noson honno, sef pregeth a oedd yn gaboledig iawn, iawn, yr oedd yr ail bregethwr hwnnw yn dewis pregeth yr oedd ef ar ei gwar hi fel petai, un yr oedd ganddo le mae'n siŵr i gredu ei bod yn dderbyniol iawn, ac un yr oedd ganddo le i gredu ei fod yn cael enw da amdani hefyd. Ymhlyg yn y dewis hwnnw felly, yr oedd cwestiynau'n ymwneud â chysur, ac â bod yn gymeradwy, ac ag enw da personol, a hyd yn oed o 'control'. O ganlyniad – a benthyca ymadrodd neu ddau oddi wrth Rowan Williams – yr hyn a glywais i oedd pregeth a erys yn rhybudd i mi o'r perygl i wrthrych ein pregeth ddiflannu i mewn i batrwm o eiriau a syniadau llyfn, yn mynegi adweithiau wedi eu tynghedu ymhell ymlaen llaw. Yn sicr nid oedd yn y bregeth honno unrhyw arwydd bellach ei bod wedi ei moldio gan rywbeth y tu allan iddi hi ei hunan, bod ei neges wedi ei thanio gan rywbeth sy'n gwneud y gwahaniaeth hanfodol y dylai pregeth ddibynnu arno.

Mewn gair, dylai rhyw berthynas fod rhwng adnabyddiaeth y pregethwr o Iesu, a wynebodd y groes, a'r ffordd y cyflwyna unrhyw agwedd o'r efengyl. Yn y diwedd, y mesur o'r berthynas honno yw'r pellter y mae'r pregethwr wedi cerdded ar hyd y ffordd o ymwrthod â chysur, a bod yn gymeradwy, ac enw da, a *control*, ac ag unrhyw beth arall bydol a all wneud pregeth yn iswasanaethgar iddo. Wrth ddilyn y bererindod honno'n ddiwyd a ffyddlon, gall pregethwr enwog neu anenwog, ddod, gydag amser, fel y pregethwr cyntaf hwnnw a glywais, yn nes at sefyll ar linell flaen ei brofiad a'i gred bersonol, gan edrych allan o'r fan honno at ba sefyllfa bynnag y caiff ei hunan ynddi, yn rhydd a pharod i weld unrhyw wirionedd newydd a ddatguddir iddo. Yna siawns y bydd yn gwbl bresennol yn ei bregethu, gall fod yn llais yn hytrach nag adlais. Trwy hynny gall fod yn gyfrwng nid yn unig 'i gynhesu'n rhyfedd' galonnau gobeithiol a fydd yn gwrando arno neu arni – ond hefyd eu gwau'n gymdeithas y gellir ei galw yn gorff Crist.

5. Menywod

O'r holl newidiadau sy'n digwydd yn ein byd ni heddiw, un o'r mwyaf yw'r hyn sy'n digwydd i hanner poblogaeth y byd, ac sy'n effeithio'n anochel ar yr hanner arall. Y newid yw'r newid yn safle menywod.

Er i rai menywod sefyll allan mewn hanes, yn aml drwy fod yn fwy gwrywaidd na dynion, un o brif themâu gwareiddiad y Gorllewin (ac nid y Gorllewin yn unig, wrth gwrs), yw'r dyrchafu ar bersonau a phrofiadau a gwerthoedd gwrywod, a'r diraddio ar bersonau a phrofiadau a gwerthoedd menywod. Â'r rhesymau dros hynny yn ôl ymhell. Credai'r athronydd Aristoteles, mai dyn anghyflawn yw menyw, a genhedlwyd pan oedd egni'r tad yn isel, neu'r tywydd yn anffafriol – a dilynwyd ef yn hynny gan ddiwinydd mwyaf y Canol Oesoedd, Tomos o Acwin!

Cymerodd israddoldeb menywod ffurfiau gwahanol ar adegau gwahanol mewn mannau gwahanol, hyd yn oed yn ystod fy mywyd i. Pan oeddwn yn blentyn, y farn gyffredin yn y cwm y trigwn ynddo bryd hynny, oedd mai gwastraff oedd rhoi addysg i ferch, gan mai dim ond priodi a chael plant a wnâi hi! Felly bachgen ddylai fynd i'r coleg i baratoi i fod yn feddyg, er enghraifft, mynd i ryw ysbyty i gael ei hyfforddi'n nyrs dylai merch ei wneud. Un tro gwasanaethais yn angladd Americanes a aeth, yn syth wedi graddio'n ddwy ar hugain mlwydd oed, i ddysgu yn Siapan. Gyda hyn ymbriododd â phrifathro coleg bychan yng nghesail America, a threuliodd y fenyw alluog a mentrus hon ei hoes wedyn yn arllwys te i *'faculty wives'* – rhwng cyfnodau mewn ysbytai oherwydd pruddglwyf. Ar daith drwy Kenya un tro, gwelais ddegau o wragedd ifainc yn ceibio'n gefngrwm ar lethr bryn, tra bo'u gwŷr yn puteinio yn Nairobi, y brifddinas, cyn dod ag AIDS yn ôl at eu gwragedd. Un o nodweddion ein byd nawr, medd Kevin Kelly, moesegwr o Lerpwl, yw 'the feminisation of poverty', ac mae ei straeon am fywydau menywod yn y gwledydd o dan y Sahara, ac yn Asia – yn Thailand ac yn India'n arbennig – yn codi'r gwallt ar ben dyn. Hyd yn oed ym Mhrydain heddiw mae nifer y gwragedd sy'n dioddef yn eu cartrefi oherwydd eu partneriaid, mor uchel fel bo'r llywodraeth wrthi ar hyn o bryd yn llunio mesur newydd i ddeddfu yn ei gylch.

Gall gwrywod fod yn nawddogol wrth drafod cydraddoldeb i fenywod. Un o'u ffyrdd o wneud hynny yw credu eu bod yn deall y broblem pan nad ydynt. Mae sgwrs gwrywod yn frith o stereoteipiau ynghylch menywod, sy'n adlewyrchu gwerthoedd gwrywaidd hen a dwfn ac ystyfnig. Mae iddynt weld beth sydd ymhlyg wrth roi cydraddoldeb i fenywod yn gam ymlaen aruthrol na ellir ei gymryd dros nos. Mae'n fath ar dröedigaeth. (Tröedigaeth y mae ei angen ar rai menywod hefyd.) Cofiaf fenyw'n esbonio'r mater i mi'n fanwl un diwrnod, ond pan ddywedais wrthi yn y diwedd fy mod i'n deall nawr, chwerthin wnaeth hi a dweud, "Na, 'rwy'n credu bod ffordd gyda chi i fynd eto", ac yr oedd hi'n iawn.

Ffordd arall i wrywod fod yn nawddogol ynghylch cydraddoldeb i fenywod yw credu mai problem i fenywod yn unig yw. Ond mae ar wrywod angen cydraddoldeb i fenywod. Mae gwrywod yn y Gorllewin mewn trafferth. O ddeg prif achos eu marw, dim ond clefyd y siwgr sydd heb gysylltiad o gwbl â bod yn wryw, ac mae ffigurau ynghylch hunanladdiad a charchar a chyffuriau yn llawer uwch ymhlith dynion nag ymhlith menywod. Cred rhai sy'n gweithio yn y meysydd hyn fod a fynno hyn â'r berthynas gyffredinol rhwng gwrywod a menywod.

Mae colled foesol i unrhyw gwmni sy'n amddifadu eraill o freiniau cydraddoldeb, yn fwriadol ai peidio, ac mae pris i'w dalu am golled foesol. Ond mae hefyd astudiaethau sy'n dangos cyswllt rhwng rhai o broblemau sylfaenol gwrywod heddiw a'u hanallu i fynegi eu teimladau. Y rheswm am yr anallu hwnnw yw eu bod wedi eu cyflyru i gredu mai gwendid benywaidd yw siarad am deimladau, ac mai gwedd ar wrywdod yw bod yn gryf drwy beidio â gwneud hynny. Wrth i mi adael y tŷ un noson, gofynnodd fy mab-yng-nghyfraith i mi – meddyg teulu yw – i ble yr oeddwn i'n mynd. Dywedais fy mod i'n mynd i annerch nifer o weinidogion. Atebodd yn sydyn, "Dywedwch wrthyn nhw am drefnu ffyrdd i ddynion ymhlith eu haelodau i siarad â'i gilydd!" Dyma dalfyriad o linellau gan James Kavanaugh:

> *Women gather*
> *Sharing dreams with old or new friends*
> *and confiding desperation,*
> *Baring souls and unburdening hearts,*
> *Then leave, relaxed and laughing,*
> *Freed from the pain of no one knowing.*

> *Men gather*
> *Displaying how strong and controlled they are*
> *And unafraid of competition,*
> *Sharing triumphs and hiding themselves,*
> *Bleeding silently within themselves,*
> *Bearing the pain of no one knowing.*

Mae a fynno gwerthoedd menywod â lles y gymdeithas gyfan. Y fam fu erioed â'r prif ofal am fagu'r plant ar aelwyd. Yn draddodiadol, arhosai merch gartref nes iddi briodi, a châi o'i blaen y blynyddoedd hynny fodel o fenywdod yn ei mam. Gallai hunaniaeth benywaidd y ferch ddatblygu'n ddi-dor a phositif felly, a dysgai am ymlyniad a chydweithio, medd Jim Nelson, Athro Moeseg ym Minneapolis. Ond rhaid oedd i fachgen yn gynnar ymwahanu'n emosiynol oddi wrth ei fam, er mwyn diffinio'i wrywdod, ac yn aml yr oedd y tad yn absennol, yn gweithio yn rhywle efallai (bu fy nhad i yn y Llu Awyr am chwe blynedd), fel nad oedd gan fachgen fodel o wrywdod o'i flaen bob dydd. Profiad negyddol felly oedd ei wrywdod i fachgen - peidio â bod yn fenywaidd – ac am unigolyddiaeth a chystadlu y dysgai ef.

Er bod y patrymau cymdeithasol hynny'n newid erbyn hyn, mae'r tueddiadau a esgorwyd ganddynt yn dal i effeithio ar feddylfryd gwrywod a benywod. Gadawodd y profiadau gwrywaidd traddodiadol eu hôl ar wrywod mewn sawl maes, o agosatrwydd, rhywbeth nad yw llu o wrywod yn gwybod fawr amdano, hyd at gêmau cystadleuol, gan gynnwys y gêm fwyaf cystadleuol oll, rhyfel – pethau y mae gwrywod yn dda iawn wrthynt. (Dyna achos y dywediad mai'r fenyw y mae mwyaf o angen ei rhyddhau yw'r fenyw sydd ym mhob gwryw!)

Ar y llaw arall, gall ffyrdd menywod o edrych ar bethau fod yn iechyd i gymdeithas y mae ei gwerthoedd gwrywaidd – ei hagwedd reibus tuag at y cread, ei chystadlu economaidd, ei militariaeth – erbyn hyn yn ei methu fwyfwy bob dydd. Mae angen adeiladu cymdeithas sy'n rhoi lle, yn ei threfniadau a'i sefydliadau a'i chynghorau, i werthoedd benywaidd yn ogystal â rhai gwrywaidd, cymdeithas sy'n bartneriaeth dwfn a llawn rhwng gwryw a benyw.

Ble mae'r Eglwys yn hyn oll? Ar y naill law, llyfr patriarchaidd yw'r Beibl, gwrywod yw ei awduron, at wrywod y cyfeiriant, a gwrywod y byddant yn eu hannerch; – 'Gwyn ei fyd y gŵr ni rodia...','Tangnefedd i'r brodyr...'. A chadarnhaodd y Beibl gred gwrywod Iddewig a Christnogol – ac Islamaidd – yn eu rhagoriaeth wrywaidd, drwy beri yn stori Eden mai oherwydd i fenyw ei demtio y syrthiodd Adda! Mae llawer o batriarchaeth yn y Testament Newydd hefyd, yn rhai o ddatganiadau Paul ynghylch ymarweddiad menywod mewn addoliad, er enghraiifft, a hyd yma fe'i gwnaed yn fwy patriarchaidd nag sydd rhaid gan gyfieithiadau annigonol. Yn y Groeg gwreiddiol mae dau air, *aner* ac *anthropos*, y naill yn golygu gwryw, a'r llall yn golygu person. Ond mae cyfieithwyr (gwrywaidd) erioed wedi cyfieithu'r ddau air yn 'ddyn' (ysgolheigion benywaidd a sylwodd). Dengys *The New Revised Standard Version* o'r Beibl y gwahaniaeth rhyngddynt, ac mae'r fersiwn newydd Cymraeg hefyd yn dangos y gwahaniaeth. (Mae newidiadau cynhwysol eraill hefyd yn y fersiynau hyn.)

Ar y llaw arall, cafodd menywod le rhyfeddol o anrhydeddus yn y Testament Newydd. Ymffrostiai Iddew yn ei achau, ond nid byth y soniai am fenywod yn eu plith. Eto, yn y bennod gyntaf o'i efengyl sonia Mathew am bedair menyw yn achau Iesu – Tamar, Rahab, Ruth, a 'gwraig Ureia' – Bathseba. Yn *'The Birth of the Messiah'*, galwodd y diweddar Athro Raymond Brown y pedair pennod am eni Iesu yn Mathew a Luc yn *mini-gospels*, am eu bod yn cynnwys prif themâu'r efengylau sy'n eu dilyn. Wrth enwi menywod yn achau Iesu, meddai, rhagfynegi y mae Mathew y pwyslais ar fenywod sydd eto i ddod yn ei efengyl.

Mae lle amlwg i Elisabeth fam Ioan Fedyddiwr ym mhennod gyntaf Luc, mae lle arbennig i fam Iesu drwy'r efengylau, yn efengyl Ioan siaradodd Iesu â'r wraig o Samaria (a synnodd y disgyblion 'ei fod yn siarad â gwraig'.) Yr oedd Mair a Martha yn ffrindiau i Iesu, yr oedd menywod wrth y groes, menywod a ddarganfu'r bedd gwag, ac ymddangosodd yr Iesu wrth y bedd i Fair Magdalen. Ni ystyriwyd Paul yn ffrind i fenywod, ac yntau wedi ildio weithiau i gonfensiynau cymdeithasol ei ddydd ynghylch menywod – y dylai menyw gadw'n dawel yn yr eglwys, er enghraifft. Er hynny, cyhoedda gydraddoldeb gwryw a benyw – 'nid oes rhagor... rhwng gwryw a benyw, un person ydych chwi oll yng Nghrist Iesu', ac yn ei Lythyr Cyntaf at y Corinthiaid rhydd gyfarwyddyd rhywiol mor anhygoel yn ei gyfnod â 'nid y gŵr biau'r hawl ar ei gorff ei hun, ond y wraig'. Mae Llyfr yr Actau hefyd yn enwi gwragedd amlwg yn yr Eglwys Fore. (Gwelais erthygl dro'n ôl yn dadlau'n rymus mai cwyn fwyaf llawer o Fwslimiaid gwrywaidd yn erbyn y Gorllewin 'Cristnogol', yw ei fod yn peri i'w menywod nhw anfodloni ar eu byd.)

Ond o'r dewis a gynigir iddi gan y Beibl, i gyfeiriad patriarchaeth y symudodd yr Eglwys fwyfwy dros y canrifoedd, gan gydymffurfio â'r byd o'i chwmpas. Gwrywod a'i llywodraethodd, a luniodd ei chredoau ac a weinidogaethodd ynddi. Yr oedd deg o esgobion benywaidd yng nghynhadledd Lambeth 1998, ond dynion yn unig oedd â gofal gwasanaeth urddo Archesgob Caergaint y llynedd – er i fenywod gymryd rhan ynddo. Mae gwasgfa nawr i gael menywod yn offeiriadon yn yr Eglwys Babyddol, ond ni fu dim symud eto. (Gyda llaw, cred rhai fod a fynno cryfder gwrthwynebiad rhai Pabyddion i urddo menywod yn offeiriaid, nid yn unig â gwrywdod Iesu, a'r ddelw o Efa fel y demtres sy'n cynrychioli'r byd anysbrydol, byd cnawd a nwyd, ond â rheswm mwy cyntefig fyth, ac anodd ei arddel ar goedd, sef ag 'amhurdeb' menyw adeg ei mislif (gweler Lefiticus 15,19).

Ni chafodd menywod eu lle bob amser ymhlith yr Anghydffurfwyr yng Nghymru. Soniwyd dro'n ôl yn *Y Tyst*, wythnosolyn yr Annibynwyr, am fenyw a fwriadai fynd, yn ferch ifanc, i Goleg Myrddin i baratoi am y weinidogaeth, ond y cyngor a gafodd oedd "Ni fydd galwad am wasanaeth merch". Yn ôl gweithredoedd un eglwys y gweinidogaethais iddi, collai menyw ei phleidlais wrth briodi. Mae'n ddigalon hefyd gweld cynifer o hyd o swyddogion rhai eglwysi sy'n wrywod, ac os oes mwy o fenywod yn swyddogion mewn eglwysi eraill, a mwy yn cael eu hordeinio'n weinidogion, siawns mai prinder gwrywod yw'r achos weithiau.

Ond bu cynnydd yn nifer diwinyddion benywaidd, ac mae hynny'n fendith, gan mai gwrywaidd fu tuedd cymaint o'n diwinyddiaeth hefyd. Beirniadwyd y diwinydd Karl Barth gan Jürgen Moltmann dro'n ôl, am iddo fod yn ddirmygus tuag at Henriette Visser 't Hooft, gwraig Ysgrifennydd Cyffredinol cyntaf Cyngor Eglwysi'r Byd, ynghylch perthynas gwryw a benyw. Disgrifia Moltmann safbwynt Barth yn enghraifft o'r *'male superiority complex'*. Newidiodd Barth rywfaint o'i safbwynt, ond yn hwyr yn y dydd, fel mai gwrywaidd yw teithi ei ddiwinyddiaeth. Cred rhai diwinyddion mai rhan o alwad ein cenhedlaeth ni o Gristnogion yn y Gorllewin nawr yw cydnabod menywod yn llawn yn nhrefniadaeth a diwinyddiaeth yr Eglwys.

Dechrau prentisiaeth i bawb ohonom yn hyn fyddai ymgydnabod â stori menywod, eu stori hanesyddol, a'u stori gyfoes, ac i ddarllen llyfrau gan fenywod, yn enwedig menywod sy'n ddiwinyddion ac sy'n ysgrifennu ar y mater hwn – mae digon ohonynt ar gael nawr. Cofiaf iddi wawrio arnaf fi un noson, mor anfaddeuol fyddai hi, pe bai hanner fy nghynulleidfa yn groenddu, a minnau, eu bugail a'u pregethwr cyson, fyth yn dyfynnu llyfr gan awdur du. Ond er bod hanner fy nghynulleidfa ar y pryd yn fenywod, ni ddarllenwn fawr o lyfrau cyffredinol

gan fenywod, heb sôn am rai gan fenywod yn ysgrifennu ar
fenywdod heddiw, chwaethach fyth rai gan ddiwinyddion
benywaidd.

Dylid ymgodymu hefyd â'r her i geisio hepgor iaith gwbl
wrywaidd yn gyffredinol, ac i symud i gyfeiriad iaith gynhwysol;
'Pobl y byd' weithiau, yn lle 'dynoliaeth'?, 'Mamau a Thadau
Pererin'? Gall gwrywod wfftio tueddiadau felly, ond nid yw'n
defnydd ni o iaith yn yr Eglwys ddim gwahanol weithiau i
gynnwys 'Cymry' yn y gair 'Saeson'. Mae digon o fenywod (a
dynion) heddiw, y rhai iau'n arbennig, yn gyfarwydd â iaith
gynhwysol yn y byd o'u cwmpas, ac efallai'n gweld yr Eglwys yn
llusgo'i thraed yn y mater pwysig hwn eto, ac erbyn hyn ymhell
ar ôl. Gŵyr llawer ohonynt y gwahaniaeth rhwng y defaid a'r
geifr, a byddent yn gwerthfawrogi hyd yn oed ronyn o
ystwythder a newid.

Yr anhawster pennaf o ran iaith gynhwysol yw iaith am y
Duwdod. Gwryw yw'r Tad a'r Mab, a gwryw yw'r Ysbryd Glân
yn y Testament Newydd ar wahân i un cyfeiriad diryw. (Gwelais
awgrym mai ymdeimlad o angen elfen fenywaidd yn y Duwdod
oedd yn rhannol y tu ôl i'r dwyfoli ar fam Iesu gan yr Eglwys
Babyddol.)

Cwestiwn na chlywais neb braidd yn ei godi yw, os duwiesau a
geid mewn rhai crefyddau, pam mai gwryw yw Duw'r Beibl. Yr
unig esboniad a welais i erioed yw bod duwiau wedi tueddu i fod
yn fenywaidd mewn diwylliannau lle mai ffrwythlondeb natur
oedd prif ffactor lles y bobl, gan mai benywdod a gynrychiolai
ffrwythlondeb orau, a bod duwiau wedi tueddu i fod yn
wrywaidd mewn diwylliannau lle yr oedd gwrthsefyll gelynion
yn brif ffactor lles y bobl, gan mai gwrywdod a gynrychiolai orau
ddiogelwch rhag gelynion.

Ond gall meddwl am Dduw dim ond fel gwryw arwain yn
rhwydd at gysylltu Duw â gwerthoedd traddodiadol gwrywaidd,
ac at orseddu'r gwerthoedd hynny. Fel y dywedodd diwinydd
ffeministaidd, 'If God is male, then male is God.' Mae ymchwil
seithug ffeministiaid am deitlau benywaidd i Dduw yn y Beibl
wedi'n dysgu mai dim ond rhyw bum teitl am Dduw a
ddefnyddiwn ni gydag unrhyw gysondeb, tra bo llawer iawn

mwy o ddelweddau na hynny iddo yn y Beibl, a nifer dda o'r rheiny'n ddiryw. Byddai defnyddio mwy o'r teitlau diryw hynny – yn ein gweddïau cyhoeddus er enghraifft – nid yn unig yn ysgafnhau'r pwyslais gormesol, gwrywaidd ar y Duwdod, ond yn ehangu a chyfoethogi ein meddwl ni am Dduw.

Nid yw Duw'n wrywaidd yn llythrennol, wrth gwrs, metaffor yw ei wrywdod, a phob delwedd wrywaidd a roddwn iddo. Metaffor yw ei dadolaeth. Mae'n fetaffor i'w anrhydeddu am i Iesu ei ddefnyddio, ond nid yw Duw'n dad yn llythrennol. Nid oes dim rhwystr diwinyddol felly yn erbyn ychwanegu metafforïau benywaidd am Dduw os cyfoethoga hynny ein hamgyffred ni ohono, a bydd rhai heddiw'n dechrau gweddi ag ymadroddion fel – 'O Dduw, yr hwn wyt yn Dad ac yn Fam....'

Clywais y byddai Pari Huws (m.1932), gweinidog yr Annibynwyr yn Nolgellau, weithiau'n cyfeirio at Dduw fel mam. A allai fod cyswllt rhwng hynny a thosturi trawiadol ei emyn mawr 'Arglwydd Iesu llanw d'eglwys, ...' (839 yn Caneuon Ffydd) – er mai gwrywaidd yw Duw yn yr emyn? Clywais hefyd fod T. Glyn Thomas (m.1973), gweinidog Annibynnol arall, wedi codi'r cwestiwn o Dduw fel gwraig tŷ wrth bregethu ar y cymal 'Ti a arlwyaist ford ger fy mron' o'r drydedd salm ar hugain. A benyw yw Duw i'r Seientiaid Cristnogol.

Fel nad yr un darlun o Dduw a ddaw i'r dychymyg wrth ei alw'n Fam â phe gelwid ef yn Frenin, nid yr un darlun chwaith a ddaw i'r dychymyg wrth ei alw'n Fam, â phe gelwid ef yn Dad. Ein Tad a'n Mam... Ein Mam a'n Tad... A yw ymadrodd fel yna'n diraddio neu'n camddarlunio Duw, neu a all ddyfnhau ac ehangu ein meddwl ni am Dduw? Anodd gen i gredu na fyddai Iesu, pe bai ar y ddaear nawr, yn fodlon iawn ar yr ymadrodd hwnnw, weithiau o leiaf.

Yr oedd Iesu'n wryw yn llythrennol, wrth gwrs, er bod cwestiwn yn codi ynghylch 'y Crist' sydd wedi esgyn, oherwydd yn ôl Mathew 22,30 'yn yr atgyfodiad ni phriodant... maent fel angylion yn y nef'. Ond bydd rhai bellach yn sôn am Iesu weithiau, nid fel Mab Duw, ond fel Plentyn Duw, i awgrymu nad yw ei wrywdod o hanfod ei ddatguddiad o gariad Duw. Gwn am athro Ysgol Sul a ofynnodd i blant ei ddosbarth, pwy garai chware rhan Iesu ym mhasiant y Pasg y flwyddyn honno. Merch yn unig a gododd law. Trafododd yr athro gyda'r athrawon eraill y cwestiwn a oedd mwy na dilysrwydd hanesyddol yn y fantol. Wedi ymddiddan diddorol, eu penderfyniad oedd gadael i'r ferch chware rhan Iesu am yr un flwyddyn honno, er mwyn rhoi i'r eglwys – a'r plant – y neges nad oedd gwrywdod Iesu o hanfod ei ddatguddiad o gariad Duw.

Gellid dadlau nad yw anelu at iaith mwy cynhwysol mewn addoliad o fawr bwys yn wyneb yr hyn a ddioddefa menywod ar draws y byd. Ond efallai mai rhan o gyfraniad Cristnogion y Gorllewin heddiw i'r Eglwys fyd-eang yw ymgodymu â'r broblem o siarad am y Duwdod mewn ffyrdd sydd mor gynhwysol a chyfoethog ag sy'n bosibl, gan wneud hynny ar ran Cristnogion mewn mannau eraill fel petai.

Os rhan o'r efengyl yw'r Eglwys, ac nid canlyniad iddi, yna mae ansawdd ei chymdeithas yn rhan hanfodol o'i chenhadaeth. Breuddwydiai Henriette Visser t'Hooft am yr hyn a alwodd hi'n *'oikumene of humanity'*. Credai mai cymundod rhwng gwrywod a benywod yw hanfod undod pobl y byd, bod cydymddibyniaeth y rhywiau'n bwysicach egwyddor na hierarchaeth wrywaidd Barth, a bod a fynno'r eglwys â rhoi esiampl i'r byd o gydymddibyniaeth rhwng benywod a gwrywod.

Soniodd Paul am dri anghyfartaledd yn ei ddydd ef a oresgynnwyd yn Iesu Grist, yr un rhwng Iddew a Groegwr, yr un rhwng caeth a rhydd, a'r un rhwng gwryw a benyw. Goresgynnwyd y cyntaf yn gynnar yn hanes yr Eglwys, er iddi golli'r ffordd ar y mater yn fuan. Ni ddiddymwyd caethwasiaeth ym Mhrydain 'Gristnogol' tan 1807. Am yr olaf, o'r diwedd dechreuodd y byd a'r betws roi lle cyfartal i'r fenyw, ond mae ffordd bell iawn gennym i gyd i fynd o hyd. Un o dasgau'r eglwys heddiw yw arwain yn y gwaith o ddwyn y maen hwn i'r wal.

Diwedd llyfryn gan Gyngor Eglwysi Prydain, *'Women in the Church'* yw cân gan Menna Elfyn. Cystal diwedd â dim i'r ysgrif hon hefyd.

Wnaiff y gwragedd aros ar ôl?

Oedfa:
    Corlannau ohonom
    yn wynebu rhes o flaenoriaid
    moel, meddylgar;
    meddai gŵr o'i bulpud,
    'Diolch i'r gwragedd fu'n gweini – '
    ie, gweini ger y bedd
    wylo, wrth y groes –

    'ac a wnaiff y gwragedd aros ar ôl?'

    Ar ôl,
    ar ôl y buom,
    yn dal i aros
    a gweini a bod yn fud,
    boed hi'n ddwy fil o flynyddoedd
    neu boed hi'n ddoe.

6. Pobl Iesu

Mewn priodas y bûm ynddi un tro, Cristnogion oedd y priodfab a'i deulu a'i ffrindiau, ond Iddewon oedd y briodferch a'i theulu a'i ffrindiau hi. Gan fod y briodas ymhell iawn o gartre'r mab, yr oedd llawer iawn mwy o Iddewon nag o Gristnogion yno. Yr oedd y gwasanaeth yn Iddewig o'r dechrau i'r diwedd – ar wahân i enw'r priodfab, Christopher, enw o'r Groeg, *Christopheros*, sy'n golygu dyn sy'n cario Crist.

Wedi'r bwyta yn y wledd, ymgasglodd Iddewon ar ganol y llawr a dechrau dawnsio, law yn llaw, mewn cylch, i gyfeiliant band Iddewig yn chware cân â naws y Dwyrain Canol iddi. Yr oedd yn gân ddigon cyfarwydd i'r Iddewon yno ganu'r geiriau iddi, ac i'r gweddill ohonom ganu la, la, la iddi – yr *Hafana Nagila*. Dawnsient yn araf i ddechrau, a thynnwyd eraill i mewn i'r cylch, nes bo rhaid wrth ail gylch o gwmpas y cyntaf, yna un arall eto. Wedyn tynnwyd y gŵr a'r wraig newydd i mewn i fannau gwahanol yn y cylchoedd. Yn ôl traddodiad Iddewig nid oeddent i gyffwrdd â'i gilydd yn gyhoeddus wedi'r gwasanaeth tan drannoeth y briodas. Gyda hyn codwyd y ddau – a'u cadw ar wahân o hyd – ar ysgwyddau grwpiau gwahanol o'r dawnswyr, ond dalient bennau gwahanol o siôl hir wen rhwng eu dannedd, yn symbol o'r cyswllt rhyngddynt. Drwy'r amser cyflymai'r miwsig a'r canu a'r dawnsio yn raddol, ac ymgollai'r dawnswyr fwy a mwy yn y rhialtwch hyd nes iddynt yn y diwedd golli eu gwynt a gorfod arafu'n foddfa o chwerthin a chwys.

Fe'm trawodd yn sydyn mai pobl Iesu, o ran cenedl, oedd y rhain o'm blaen, mai miwsig ei bobl ef a glywn, mai arferion a thraddodiadau ei bobl ef a wyliwn. Pe byddai efe yno, oni fyddai'n gwbl gartrefol? A sut fyddai'n ymddwyn yn ein mysg? Y darlun gen i ohono yn y briodas yr aeth iddi yng Nghana Galilea oedd o ŵr ifanc – o leiaf o'i gymharu â mi – ag wyneb Ewropeaidd, a gwallt hir tonnog, golau, yn cerdded o gwmpas yr ymylon, gwên angylaidd ar ei wedd, ond heb gysylltu fawr â neb heblaw am air mwyn i ambell un, a llaw dyner ar bennau'r plant yno. Ond onid tebyg i lawer o'r rhain o'm blaen y byddai o ran pryd a gwedd? Ac yn hytrach na glynu at yr ymylon a chadw pellter rhyngddo a phawb yno, a fyddai yntau wedi bwrw i ganol pethau, gan estyn cusan heddwch a chofleidio sawl un, ac a fyddai gyda hyn wedi ymuno ag un o'r cylchoedd, a dawnsio, a chanu, a chwerthin, rhoi ei ysgwydd yntau efallai o dan naill ai'r priodfab neu'r briodferch, a cholli ei wynt, a chwysu?

Nid oeddwn erioed o'r blaen wedi bod mewn cwmni yr oedd Iddewon yn y mwyafrif o ddigon ynddo, sefyllfa ddiwylliannol gwbl Iddewig y byddai Iesu'n gyfarwydd â hi ac yn gartrefol ynddi, fel y byddai Cymro mewn noson lawen neu dwmpath dawns. Yn wir, nid oeddwn erioed wedi bod yn agos at yr un Iddew, heblaw bachgen yn fy nosbarth i yn Ysgol Sirol y Bechgyn yn Llanelli. Ni wneuthum yr un ymdrech erioed chwaith i ddod yn agos at yr un Iddew – na fy nghyd-ddisgybl na neb arall.

Cefais hwyl yn wythnosolyn fy enwad i un tro, drwy nodi bod siop fwyd Tsieineaidd wedi agor rownd y gornel i gapel yn Abertawe lle yr oedd plac ar un o'r waliau'n dweud bod un o blant yr eglwys 'slawer dydd wedi mynd i Tsieina i achub Tsieineaid. Codais y cwestiwn a oedd neb o'r eglwys honno wedi mynd i'r siop i holi hynt y bobl yno, heb sôn am eu gwahodd i weld y plac, ac efallai i fod yn westeion mewn rhyw ddigwyddiad yn y capel! Lladd yr oeddwn i ar ddiffyg chwilfrydedd ac anghysondeb Cristnogion. Gallaswn gymryd enghraifft well. Rhwng 1959 a 1979 yr oedd gan yr Annibynwyr goleg diwinyddol yn Ffynone, Abertawe. Yr oedd y coleg y drws nesaf i synagog, ond er i mi holi, ni chlywais i'r rabbi yno erioed gael gwahoddiad i'r coleg, i siarad am Iesu o safbwynt Iddewig er enghraifft, ac ni chlywais am yr un myfyriwr neu Athro yn y Coleg Coffa, a aeth i mewn i'r synagog i weld yr adeilad, heb sôn am fynd i oedfa yno. Yn y briodas Iddewig honno sylweddolais nad oeddwn innau erioed wedi ymdrafferthu i gysylltu mewn unrhyw fodd â'r un rabbi, na mynd i wasanaeth mewn unrhyw synagog i gael syniad sut y byddai Iesu – a Pedr, a Paul ac ati – wedi addoli. (Efallai mai diffyg chwilfrydedd fydd achos ein tranc eglwysig ni yn y diwedd, nid diffyg ffydd.)

Heblaw diffyg chwilfrydedd yn gyffredinol, tybed ai elfen ychwanegol yn fy niffyg chwilfrydedd i a myfyrwyr ac athrawon y Coleg Coffa mewn pethau Iddewig oedd ein bod, a defnyddio'r term diwinyddol Saesneg, yn *supersessionists*, yn rhai sy'n credu bod Cristnogaeth wedi disodli Iddewiaeth yn llwyr. Un tro, trefnais i Fwslim a Bwdydd a Hindŵ, myfyrwyr o Goleg y Brifysgol, Abertawe, i ddod i'r capel lle yr oeddwn i'n weinidog ar y pryd, iddynt hwy glywed am ein ffydd ni, ac iddynt hwythau ddisgrifio eu crefyddau nhw i'n pobl ifainc ni. Ond ni wahoddais Iddew. Bryd hynny gallaswn gredu ein bod ni'n gwybod digon am Iddewiaeth drwy'n ffydd ni ein hunain, a bod Iddewiaeth beth bynnag yn fwy cyfarwydd yn y wlad hon na'r crefyddau eraill. Ond a oeddwn hefyd yn ystyried bod gan Islam a Bwdïaeth a Hindŵaeth ryw oleuni i'w gyfrannu efallai at swm profiad crefyddol pobloedd y byd, tra bod Iddewiaeth wedi goroesi ei dydd?

Model y berthynas rhwng Iddewiaeth a Christnogaeth y clywswn amdano o'r pulpud ac yn yr ystafell ddarlithio, ac y deuthum ar ei draws mewn llyfrau aneirif ar ddiwinyddiaeth y Testament Newydd, oedd model tybiedig Paul, model o grefydd gyfreithiol, Iddewiaeth, yn cael ei disodli gan grefydd rasol, Cristnogaeth. Onid dyna, wedi'r cyfan, oedd ystyr y gair 'Hen' yn Hen Destament, bod Duw wedi dirymu'r cyfamod a wnaethai â'r Iddew drwy Abraham, a gwneud cyfamod newydd agored i'r ddynoliaeth gyfan drwy Iesu Grist? Ac onid oedd unrhyw elfen o werth mewn Iddewiaeth wedi ei gynnwys bellach mewn Cristnogaeth?

A faint o'm diffyg diddordeb i ynghylch Iddewiaeth a darddai o wrth-Iddewiaeth – anfwriadol wrth gwrs! Yn sicr, yr oedd dirmyg o'r Iddew ymhlyg yn yr awyrgylch y'm maged i ynddo. Ar lafar ym mhentref fy mebyd i, pan oeddwn yn blentyn,

disgrifid dyn cybyddlyd fel 're-al Jiw'! A dyna hanfod delwedd yr
Issy bondigrybwyll ar y radio bryd hynny, a'r cartŵnau ohono yn
y papurau dyddiol fel cymeriad cefngrwm barfog slei, yn gwenu
a rhwbio'i ddwylo wrth feddwl am ennill mantais ariannol dros
rywun. At hynny, y cyflwyniadau llenyddol ohono oedd Shylock,
a Fagin. Erbyn heddiw, wrth gwrs, ychwanegwyd sawl pennod
wahanol a phoenus a chymhleth at hanes yr Iddewon, ond pan
oeddwn yn ifanc, y darlun o Iddew a gefais i yn y diwylliant pell
ac agos o'm cwmpas i oedd darlun o ddyn anwrol, cyfrwys yn
blysu am arian.

Ni wnaeth yr Iddew a oedd yn yr un dosbarth â mi yn Ysgol
Sirol Llanelli ddigon i wrth-ddweud y darlun hwnnw. Bachgen
dymunol oedd, rhy ddymunol efallai. Erbyn heddiw gallaf
ddychmygu pam. Yn sicr nid oedd fel y lleill ohonom o ran pryd
a gwedd, â'i fochau coch, a'i lygaid tywyll, a'i wallt cyrliog
gloywddu trwchus. Ond yn fwy, ni chodai ei ddyrnau fyth, ac ni
chwaraeai rygbi fel y gwnâi'r gweddill ohonom – ar ddydd
Sadwrn! Mesur effaith hyn oll arnaf fi oedd y sioc a gefais,
gymaint o gymhwyso fy nelwedd o Iddew y bu'n rhaid i mi ei
wneud, pan ddeuthum ar draws Ari, y milwr golygus, agored,
arwrol yn llyfr Leon Uris, 'Exodus'.

Ers dros hanner canrif nawr, bu rhaid i Gristnogion, mewn
gwledydd eraill yn ogystal â'r Almaen, ofyn sut y gallai
erchylltra'r Holocawst ddigwydd mewn gwlad Gristnogol –
Cristnogol o leiaf yn yr ystyr nad gwlad Fwslimaidd mohoni, a
gwlad ag ynddi Eglwysi Pabyddol a Lwtheraidd a Diwygiedig
cryfion. O ganlyniad yr ydym yn ymwybodol nawr o hanes
gwrth-Iddewiaeth ymhlith Cristnogion. Blwyddyn neu ddwy yn
ôl terfynodd y golffwr Americanaidd bonheddig Tom Watson ei
aelodaeth yn ei glwb golff (a'r mwyafrif o'r aelodau ynddo'n
Gristnogion o ryw fath, gellwch fentro) oherwydd i'r clwb
wrthod aelodaeth i Iddew – Iddewes yw gwraig Watson. Yn yr
unfed ganrif ar bymtheg, mynnodd Martin Luther – yng ngwlad
yr Holocawst – fod y sawl sy'n llosgi synagog yn gwneud
cymwynas â Duw! Ond â gwrth-Iddewiaeth Cristnogol 'nôl mor
bell â dechreuadau Cristnogaeth. Dau gwyn sydd gennyf yn
erbyn y Testament Newydd, meddai'r diweddar Neville Ward,

gweinidog Methodist a fu'n aelod o dîm ecwmenaidd yng Nghaergaint, sef ei ddiffyg diddordeb mewn celfyddyd, a'i wrth-Iddewiaeth. Cyfeiria Christopher Rowlands, Athro Esboniadaeth Feiblaidd yn Rhydychen, yn ei lyfr 'Christian Origins' at un o achosion creulondeb arswydus a ddioddefodd Iddewon ar law Cristnogion, sef Mathew 27:25, ateb y dyrfa Iddewig i Peilat, medd Mathew, wrth iddynt ddewis Iesu i'w groeshoelio yn hytrach na Barabbas – "Boed ei waed arnom ni ac ar ein plant".

Erbyn hyn ymddiheurodd rhai enwadau i'r Iddewon am a wnaed iddynt gan Gristnogion ar hyd y canrifoedd. Gwnaeth y Pab hynny'n gymharol ddiweddar. Ers tro hefyd ymdriniodd ysgolheigion a diwinyddion Cristnogol â goblygiadau meddyliol ailedrych ar y berthynas rhwng Iddewiaeth a Christnogaeth. Ynghylch y ffydd Iddewig y mae rhai o'r goblygiadau. Cred rhai ysgolheigion a diwinyddion Cristnogol nawr fod cyfamod Duw ag Abraham yn dal mewn grym i'r Iddewon, a chyfeiriant at yr Hen Destament fel y Testament Cyntaf. Mae goblygiadau eraill ynghylch ein ffydd ein hunain, yn ein deall o'n hanes cynnar er enghraifft. Y gred gyffredin ymysg Cristnogion yw fod dilynwyr cyntaf Iesu, Iddewon bron i gyd, er iddynt geisio glynu am ychydig at rai arferion Iddewig megis enwaedu, wedi cefnu'n syth bron ar y ffydd Iddewig. Credid hyn er gwaethaf tystiolaeth glir i'r gwrthwyneb, megis penderfyniad Paul yn Llyfr yr Actau, pan oedd yn Effesus ar waith cenhadol, i ddychwel i Jerwsalem i fod yn bresennol yn y Deml yno adeg gŵyl fawr Iddewig. Erbyn heddiw ystyrir Iddewiaeth a Christnogaeth ar y cychwyn, nid fel dwy grefydd gwbl wahanol, ond fel dwy chwaer, ac is-deitl llyfr Christopher Rowlands y soniais amdano uchod, yw, 'An Account of the Setting and Character of the Most Important Messianic Sect of Judaism'.

Mae angen hefyd, fel y dywedodd Pryderi Llwyd Jones yn ei lyfr 'Iesu'r Iddew', i ni gydnabod faint o Iddewiaeth sydd yn ein ffydd ni ein hunain, a goblygiadau hynny. Mae'n tuedd i ystyried Iddewiaeth yn grefydd gyfreithiol wedi'n dallu i uchelfannau grasol yr Hen Destament, ac wedi'n gwneud yn fyddar i arwyddocâd geiriau mor gyfarwydd i ni â 'Ni wnaeth â ni yn ôl ein pechodau, ac ni thalodd i ni yn ôl ein troseddau.'

Ni welaf fod fawr o'r newidiadau hyn wedi effeithio ar ein bywyd eglwysig ni yng Nghymru. Ai ynom ni sy'n weinidogion y mae'r diffyg chwilfrydedd ynghylch Iddewiaeth? Yn yr eglwys y gweinidogaethwn iddi ddiwethaf, eglwys Americanaidd mewn dinas, dywedodd un o'r gweinidogion iau wrthyf un diwrnod fod cwmni o Iddewon yn y ddinas yn fodlon ymweld ag eglwysi Cristnogol, ar eu gwahoddiad, i esbonio iddynt y *seder*, gŵyl y bara croyw, y pryd a fwytaodd Iesu efallai gyda'i ddisgyblion y noson cyn iddo farw. Gofynnodd a gâi eu gwahodd i ddod atom ni. Atebais na fyddai llawer o'n haelodau'n debyg o ddod i ganol y ddinas, llawer ohonynt o swbwrbia, ar noson waith, i glywed dyrnaid o Iddewon yn esbonio'r Swper Olaf, ac na fynnwn i'r rheiny ddod atom heb i mi fod yn siŵr y caent gynulleidfa weddol. Gan mor siomedig oedd y brawd ifanc, trewais fargen ag ef. "Os cei di ddeugain i addo ymlaen llaw y deuant", myntwn i, "gelli di fwrw ymlaen i'w gwahodd." Pan ddaeth y noson, yr oedd dros bedwar cant wedi ymgasglu yn ffreutur y capel, a bu rhaid rhannu yn fân iawn, iawn y bwydydd amrywiol a ddygasai brodyr y *B'nai Brith* gyda nhw i ni brofi ohonynt!

Un tro, gofynnwyd i mi gan ŵr a gwraig o blith aelodau'r eglwys a allwn eu helpu. Yr oedd eu mab yn mynd i briodi Iddewes. Yn Boston yr oedd hi a'r bachgen yn byw, ond maged hi yn Seattle, yr ochr arall i'r wlad, ac yno y dymunai briodi, mewn gwasanaeth Iddewig. Ond â chynulliadau Iddewig yn lleihau, oherwydd bod cynifer o blant priodasau rhwng Iddewon a Christnogion yn cael eu codi'n Gristnogion, penderfynasai rabbiniaid cylch Seattle wrthod priodi Iddewon a Christnogion os na addawent ymlaen llaw godi'r plant yn y ffydd Iddewig. Os na wnaent hynny, oedd eu dadl, byddent yn siŵr o'u codi'n Gristnogion, felly gwell fyddai iddynt gael priodas Gristnogol. Nid oedd y bachgen yn barod i addo hynny, ac ni chredai'r ferch y dylid gofyn iddo hyd yn oed i ystyried hynny.

Wedi i'r rhieni hyn orffen eu stori, dywedais wrthynt y ffoniwn brif rabbi Teml Israel, synagog enfawr yn ein hymyl, i ofyn iddo a allai ef feddwl am ryw ateb na allwn i hyd yn oed ei ddychmygu. Ond yr hyn a ddywedodd ef wrthyf oedd mai cwmni eithriadol o geidwadol oedd rabbiniaid cylch Seattle ar y pryd, fod mwyafrif y rabbiniaid eraill y gwyddai ef amdanynt yn anghymeradwyo'u safiad yn gryf, ond nad oedd ganddo'r un awgrym a allai fod o help. Mewn ambell le yr oedd ganddo ffrindiau o rabbiniaid a fyddai efallai'n fodlon gwasanaethu yn y briodas hon, ond nid oedd ganddo gysylltiadau rabbinaidd o fath yn y byd o gwmpas Seattle.

Yr oedd fy awydd i helpu yn yr achos hwn yn gryf iawn, iawn ynof, oherwydd yr oeddwn newydd ddarllen llyfr gan Eli Wiesel, lladmerydd Iddewon yn America a ddioddefodd o dan Hitler, un a fuasai ei hun yn blentyn yn y gwersyll yn Auschwitz, lle bu farw ei rieni. Dechreusai ei lyfr drwy ddweud mai ei ofn pennaf yn blentyn oedd ofn Cristnogion, ac fe'u hofnai fwyaf, meddai, adeg y Groglith. Codasai'r frawddeg honno gywilydd enbyd a beichus arnaf. Ar ddiwrnod dwysaf y calendr Cristnogol, union ofn pennaf miloedd ar filoedd ar filoedd, mae'n rhaid, o blant cenedl y gŵr a ddywedodd mai gwell i'r neb a wnâi niwed i blentyn oedd pe rhoddid maen melin am ei wddf a'i daflu i eigion y môr, oedd ei ddilynwyr ef ei hun, y teulu crefyddol y perthynwn i iddo.

Heb i mi ofyn amdano, danfonodd rabbi Teml Israel gopi o wasanaeth priodas Iddewig ataf, ac fe'i darllenais. Yr oedd yn wasanaeth cyfoethocach o lawer ei gyfeiriadau a'i idiomau Beiblaidd, a'i symbolau priodasol, na'r gwasanaeth a ddefnyddiwn i. Nid oedd ynddo ddim chwaith na allwn ei ddweud, a dywedai lawer o'r pethau a ddywedwn i mewn gwasanaeth priodas yn well, yn gryfach ac yn fwy cofiadwy. Gan fod yr Iddewon yn rhai da am gadw traddodiadau, dyma, mae'n siŵr, bron yn union efallai, fyddai ffurf y gwasanaeth priodas y bu Iesu ynddo yng Nghana Galilea. Pe câi wahoddiad iddi, a âi ef i'r briodas hon rhwng Iddewes a Christion? A oedd yn ddichonadwy y gwrthodai fynd? Er nad oedd angen neb i arwain gwasanaeth priodas yn nyddiau Iesu, pe bai ef ar y ddaear yma heddiw, a fodlonai 'arwain' y gwasanaeth hwn pe gofynnid iddo? Gan bwyll yr oedd cwestiwn yn araf ymffurfio yn fy meddwl i, ac yn fy anesmwytho i. A allwn innau arwain gwasanaeth na fyddai dim sôn ynddo am Iesu, ond nad oedd ynddo ddim chwaith yn groes i unrhyw gred a goleddwn i, a gwasanaeth fel yr un yr oedd Iesu ei hun wedi gallu addoli Duw drwyddo mae'n rhaid? Gam a cham yr oedd magwyrydd yn fy meddwl yn dechrau simsanu.

Yr oeddwn hefyd newydd geisio pregethu ar destun na chlywais neb arall nac yn pregethu arno na hyd yn oed yn cyfeirio ato erioed, a hwnnw oedd yr unig dro yn fy ngweinidogaeth i mi addef i'r gynulleidfa ar ddiwedd pregeth fy mod i'n teimlo fy mod i wedi methu â gwneud cyfiawnder â'r testun, nad oeddwn wedi ei ddeall, ac y gobeithiwn ddod yn ôl ato ryw ddydd. Hoffwn argymell pob pregethwr i ymgodymu ei hun â'r testun – a byddai'n ddiddorol eithriadol darllen unrhyw bregeth arno gan rywun arall. Y testun oedd Rhufeiniad 9,3 lle y dywed Paul am ei gyd-Iddewon, "Gallwn ddymuno i mi fy hunan fod dan felltith, ac yn ysgymun oddi wrth Grist, pe bai hynny o les iddynt hwy, fy mrodyr i, fy mhobl i o ran cenedl." Â Paul ymlaen i ddisgrifio ei bobl ef "o ran cenedl" ymhellach – "a dderbyniwyd gan Dduw yn feibion", "a gafodd weld ei ogoniant", "a gafodd ganddo'r cyfamodau", "ac oddi wrthynt hwy, yn ôl ei linach naturiol, y daeth y Meseia". Ai ebychiad sydyn difeddwl oedd y drydedd adnod yna gan Paul, gŵr byrbwyll weithiau yn ei ohebiaethau? Mae ei eiriau cyntaf yn y paragraff y mae'r adnod honno'n rhan ohono, yn awgrymu'n wahanol: "Ar fy ngwir yng Nghrist" meddai, "heb ddim anwiredd…" A oedd y gŵr hwn a garai Iesu mor angerddol, yn dweud ar ei wir "yng Nghrist" y byddai'n fodlon cael ei dorri allan o gymdeithas â Christ pe bai hynny 'o les' i'w bobl ef a phobl Iesu, yr Iddewon? A oedd y disgybl hwn a wasanaethodd Iesu mor llwyr, yn mynegi felly, drwy reddf Gristnogol ddofn ynddo, fewnwelediad treiddgar yr oedd goblygiadau syfrdanol iddo?

Yr oedd agweddau i'm sefyllfa i wrth ystyried hyn oll nad oes gofod i'w trafod yma, ond yr oedd y geiriau "pe bai hynny o les iddynt hwy" yn chware ar fy meddwl mewn mwy nag un ystyr. Mae adegau i fod yn ochelgar a gwyliadwrus, ond mae adegau hefyd pan all math ar orbryder neu orofal ein cadw rhag rhyw fenter o ffyddlondeb afreolaidd y gall Duw ei ddefnyddio efallai er bendith. Gan sylweddoli 'mod i wedi edifarhau wedyn am sawl methiant i anturio mewn ffydd, yr wyf yn barotach nag y bûm i wyro tuag at fentro gofalus, a gadael y cyfan yn nwylo Duw.

Sefyllfa oedd hon na fyddai'n debyg o godi byth eto, a dywedais wrth rieni'r bachgen yr arweiniwn i'r gwasanaeth priodas.

Gellir cynnal priodas yn yr Unol Daleithiau mewn unrhyw fan – mewn gardd, ar lan llyn – heb yr un trwydded ar gyfer y lle. (Mewn rhai hen daleithiau yno – mae Massachusetts yn un – gall lleygwr weinyddu mewn priodas hefyd.) Mewn gwesty y cynhaliwyd y briodas hon. Oherwydd fy marf, credodd Iddewon fwy nag unwaith mai rabbi wyf. (Fe'm deffrowyd un bore gyda'r wawr ar un o awyrennau El Al, dros Fôr Iwerydd ar y ffordd rhwng Tel Aviv a Washington, gan Iddew a'm gwahoddodd i – o blith dros dri chant o deithwyr! – i ymuno â hanner dwsin o Iddewon, bob un â'i siôl weddi a'i phylacterau, a oedd yn mynd i weddïo yng nghefn yr awyren.) Ni wyddai'r gwahoddedigion i gyd yn y briodas hon yn Seattle nad rabbi mohonof, er na wisgwn y *kippah*, y capan bach, ar fy mhen, a dywedodd sawl Iddew yno wrthyf wedyn, '*Nice job, Rabbi*.' Ond gwyddai teulu a ffrindiau'r priodfab pwy a beth oeddwn i. Gwyddai teulu agos y ferch hefyd mai gweinidog Cristnogol oeddwn i, etifedd i'r '*Most Important Messianic Sect of Judaism*', ond yn gwneud cymwynas â nhw, ac am ein bod wedi sgwrsio'n hir ymlaen llaw, gwyddent hefyd nad yn ysgafn nac yn ddifeddwl, na heb lawer o hunanholi y gwneuthum y gymwynas hon. Pan ddiolchodd tad y ferch i mi wedi'r briodas am eu helpu, ac am 'barchu'n traddodiadau ni', cofiais eiriau Eli Wiesel.

Yr oedd yn rhyfedd o gyffrous bod am yr ail waith – ac yn 'arwain' y tro hwn – mewn gwasanaeth priodas a thebygrwydd dwfn rhyngddo mae'n rhaid â'r un y bu Iesu ei hun ynddo yng Nghana Galilea, ac mewn sawl man arall mae'n siŵr. Efallai hefyd i mi leddfu i ddyrnaid o Iddewon, mewn ffordd fach, yr hen elyniaeth rhyngddynt hwy a'm cydgrefyddwyr i, a fu iddynt mor aml yn fwyafrif erchyll o ormesol a chreulon. Mentrais obeithio fy mod i yn yr un amgylchiad hwnnw, heb ddefnyddio'r geiriau, wedi mynegi iddynt ysbryd eu cydwladwr hwy eu hunain, fy mod i, yn y briodas hon, wedi bod yn *Christopheros*.

7. Wittgenstein

Un o gymeriadau mwyaf anghyffredin y ganrif ddiwethaf yn Ewrop, a'i meddyliwr mwyaf gwreiddiol a phwysig ym marn rhai, oedd yr athronydd Ludwig Wittgenstein. 'Synnwn i ddim na hoffai ambell un a glywodd amdano, ond nad yw'n gwybod fawr yn ei gylch, gael cyflwyniad bras iddo ef a'i waith. Dyma ymgais felly i fodloni chwilfrydedd pwy bynnag sy'n gofyn beth yw'r holl ffwdan am y dyn hwn.

Nid yw enw Wittgenstein mor adnabyddus i'r lluoedd ag yw enw Bertrand Russell, a fu'n athro iddo am gyfnod, ond ymhlith y *cognoscenti*, y rhai sy'n gwybod, yr oedd yn adnabyddus yn gynnar iawn yn ei yrfa. Mae hanesyn am Athro Athroniaeth Caergrawnt, G. E. Moore, wedi iddo gael cyfweliad personol â'r Brenin Siôr y Chweched wrth dderbyn rhyw anrhydedd ganddo, yn dod allan â golwg ofidus ar ei wyneb. Wedi i'w wraig geisio ganddo sawl gwaith i ddweud beth oedd yn ei boeni, o'r diwedd dywedodd yn drist – "Nid oedd y Brenin wedi clywed am Wittgenstein".

Erbyn heddiw, cafodd Wittgenstein sylw eithriadol ei ansawdd. Heblaw llu o atgofion a ysgrifennwyd amdano, mae yna, yn ôl un awdur, wyth o nofelau a dramâu, deuddeg llyfr o farddoniaeth, rhyw chwe darn o fiwsig, a hefyd weithiau celfyddydol arbrofol yn ei gylch neu a ddylanwadwyd ganddo. Bu chwe rhaglen ar y teledu'n darlunio'i fywyd. Hyd yn oed yn y gyfres deledu ddigrif *Fawlty Towers*, cyfeiriodd John Cleese ato wrth ddwrdio Manuel am fethu â deall rhywbeth, mewn modd a awgrymai fod enw Wittgenstein bellach yn ffon fesur o ddyfnder meddwl. Yng Nghymru, bu'r Athro D. Z. Phillips yn lladmerydd i'w waith, ysgrifennodd Walford Gealey lyfryn yn Gymraeg arno, ac mae hyd yn oed cerdd iddo yn Gymraeg, wedi ei hysgrifennu gan Eirian Davies. Pwy a beth felly oedd y dyn hwn?

Mae ei fywyd mor rhyfedd fel mai dyna brif ddiddordeb rhai ynddo. Ganed ef yn Vienna ym 1889, pan oedd Ymerodraeth hynafol Awstria-Hwngari yn dod i ben, a'i chwaeth artistig, a'i gwerthoedd diwylliannol, a'i threfniadaeth economaidd, a'i phatrymau gwleidyddol, yn chwalu. Nid oedd y dadfeilio hwn i'w deimlo'n ddyfnach yn unman nag yn Vienna, prifddinas yr Ymerodraeth. Ond yn y dadfeilio hwnnw cododd i'r brig yno nythaid o wŷr a ddylanwadodd yn dyngedfennol ar y ganrif a oedd yn ymagor yn Ewrop – Loos y pensaer, Schönberg y cerddor, Klimt yr artist, Freud y seicolegydd, Herzl y Seionydd, Wittgenstein yr athronydd – a Hitler y Natsi – i enwi dim ond y dynion amlycaf. Disgrifiwyd Vienna tro'r ganrif fel Ewrop yr ugeinfed ganrif yn ei babandod.

Wittgenstein oedd yr ieuengaf o wyth o blant mewn teulu Iddewig yn Vienna a oedd wedi hen droi ei gefn ar Iddewiaeth. Yr oedd yn deulu arbennig iawn. Karl y tad, dyn beichus o ormesol i'w blant hynaf, oedd un o gyfoethogion pennaf Ewrop. Enillodd ei arian yn cynhyrchu dur, a thra collodd cyfoethogion eraill Ewrop eu cyfoeth yn y Rhyfel Byd Cyntaf, cadwodd ef y cyfan drwy ei fuddsoddi yn yr Unol Daleithiau. Etifeddodd ei blant ei holl gyfoeth. Yn ôl llyfr diweddar, pan fygythiai Hitler yr Iddewon yn yr Almaen yn nhridegau'r ganrif ddiwethaf, talodd rhai o blant Karl a adawsai Awstria 1.7 tunnell o aur i'r Natsïaid am gael cofrestru dwy chwaer iddynt a ddaliai i fyw yn Vienna, yn Almaenwyr yn hytrach nag Iddewon.

Daeth Karl, yn ôl ffasiwn cyfoethogion y dydd, yn noddwr y celfyddydau, a chan fod ei wraig Leopoldine yn gerddor galluog, cafodd cerddoriaeth le blaenllaw ar yr aelwyd yn yr *Alleegasse* (a elwid gan rai y tu allan i'r teulu yn *Palais Wittgenstein*). Dywedodd Wittgenstein unwaith fod chwe phiano *grand* yn y cartref, a byddai Brahms a Bruno Walter yn wahoddedigion cyson mewn nosweithiau cerddorol yno. Pan gyfansoddai Mahler waith newydd, siawns nad at gartref Karl Wittgenstein yr âi i'w berfformio am y waith gyntaf. Casglodd Karl hefyd luniau a cherfluniau gwerthfawr gan Moser a Rodin a Klimt. Paentiodd Klimt lun enwog o Margarete, chwaer Ludwig a oedd yn ffrind i Freud, ac a fu'n un o'r rhai a'i helpodd i ffoi rhag Natsïaeth yn y tri degau.

Maged y plant felly mewn awyrgylch o dalent a chwaeth. Ond yr oedd gallu ac uchelgais a dycnwch rhyfedd yn y plant eu hunain. Wedi iddo golli braich yn y Rhyfel Byd Cyntaf, parhaodd Paul, y nesaf at Ludwig o ran oedran, yr yrfa a fu ganddo cyn hynny fel pianydd mewn cyngherddau! Iddo ef y cyfansoddodd Ravel y *Concerto* i'r Llaw Chwith. Comisiynodd Paul ddarn oddi wrth Prokofiev hefyd, ond gwrthododd chware hwnnw am nad oedd yn deall dim ohono, meddai.

Ym 1908, yn bedair ar bymtheg, a chanddo gefndir da mewn mathemateg a ffiseg, daeth Ludwig i Brydain i wneud ymchwil mewn awyreniaeth o dan nawdd Prifysgol Manceinion. Ymhen amser ymddiddorai yn natur gwybodaeth fathemat, yn ei seiliau'n fwy na dim, ac i ddeall rhagor am hynny aeth at Frege, Athro Rhesymeg, yn Jena, heb fod nepell o Leipzig yn yr Almaen, dyn y cyfrannodd ei waith ar fathemateg ymhen amser at ddatblygu cyfrifiaduron. Gyda hyn dywedodd Frege nad oedd ganddo ddim rhagor i'w ddysgu iddo, ac fe'i cymhellodd i fynd at Bertrand Russell yng Nghaergrawnt, a weithiai ar sylfeini mathemateg. Mewn byr amser yr oedd Russell yn argyhoeddedig mai Wittgenstein oedd y person a oedd yn debyg o symud ei waith ef ar resymeg ymlaen gam ymhellach. Ymhen dwy flynedd ymneilltuodd Wittgenstein i Norwy i ysgrifennu llyfr. Torrodd y Rhyfel Byd Cyntaf ar draws ei waith, ymunodd â byddin ei famwlad, Awstria, a gorffennodd y llyfr ar faes y gad, cyn iddo gael ei ddal a'i gadw'n garcharor rhyfel.

Wedi'r rhyfel, cyhoeddwyd y llyfr – yn Almaeneg yn gyntaf, yna yn Saesneg – dim ond ar gymeradwyaeth Russell, gan nad oedd neb arall a'i deallai. (Ni chredai Wittgenstein fod Russell yn ei ddeall chwaith.) Yna, gan gredu nad oedd dim rhagor o bwys sylfaenol i'w wneud eto mewn athroniaeth, a thra oedd rhai o feddylwyr praffaf Ewrop yn astudio'i lyfr, y *'Tractatus'* (ei enw llawn, yn ôl ffasiwn Ladinaidd Caergrawnt ar y pryd, oedd y

'*Tractatus Logico-Philosophicus*'), aeth ef i goleg hyfforddi i baratoi ar gyfer dysgu mewn ysgol gynradd, ac am rai blynyddoedd dysgodd mewn ardal dlawd yn Awstria, cyn gadael y gwaith hwnnw i fod yn arddwr mewn mynachlog.

Am gyfnod dioddefodd iselder ysbryd (cyflawnodd tri brawd iddo hunanladdiad), yna rhoddodd ei chwaer Margarete gyfle iddo i gydweithio â Paul Engelman yn cynllunio a chodi tŷ newydd iddi hi yn Berlin. Erys y tŷ hwnnw o hyd yr enghraifft puraf erioed o bensaernïaeth ymarferol (*functional*), a bu'r gorchwyl yn gyfrwng i Wittgenstein wella. Yna, yn ddeugain mlwydd oed, wedi bod yn absennol oddi yno am un mlynedd ar bymtheg, dychwelodd i Gaergrawnt. Rhoddodd y Brifysgol yno ddoethuriaeth iddo ar sail y '*Tractatus*', gwnaed ef yn Gymrawd yng Ngholeg y Drindod, a gyda hyn etholwyd ef, heb ddim hyfforddiant ffurfiol yn y pwnc, yn Athro Athroniaeth yno.

Yr oedd ynddo amwysedd mawr tuag at ei waith, yn ennill ei fara a chaws drwy ddysgu gwirionedd, a chymhellai ei fyfyrwyr i beidio â gwneud hynny. Gadawodd ef ei hun ei swydd yn ystod yr Ail Ryfel Byd i weithio yn Ysbyty Guy's yn Llundain, fel un a gludai moddion o'r fferyllfa i'r wardiau (a'r mwyafrif yno heb syniad pwy oedd). Mae plac ar wal yn un o'r wardiau'n cofnodi iddo weithio yno. Yn ystod ei ail gyfnod yng Nghaergrawnt, tuag ugain mlynedd, ni chyhoeddodd yr un llyfr, ond bu'n gynhyrchiol iawn, gan gofnodi'r cyfan ar ffurf nodiadau aneirif, trefnus, ac mae ymddiriedolwyr ei ewyllys yn dal ati i'w paratoi ar gyfer eu cyhoeddi.

Yn gynnar yn yr ail gyfnod hwn yng Nghaergrawnt, yr oedd yn dechrau symud oddi wrth ei safbwynt yn y '*Tractatus*'. Dechreuodd ddatblygu athroniaeth wahanol, a daeth hynny i'r golwg yn ei ail lyfr, a gyhoeddwyd wedi ei farw, y '*Philosophical Investigations*'. Yn hwnnw gwrthodai bob un bron o egwyddorion sylfaenol ei lyfr cyntaf, a datblygu safbwynt mor ddieithr, ac mor anodd i'w ddeall, fel iddo gredu ei hun ei fod yn creu pwnc newydd! Nid llyfr i gyflwyno'i 'athroniaeth ef ar fywyd' mo'r '*Investigations*', ond llyfr i ddysgu sut i newid ein ffordd o feddwl. Eithr nid trwy ddarllen amdano y deëllir y newid hwn, newid yw y mae galw am brentisiaeth ynddo, a rhan o'r brentisiaeth yw'r *'Investigations'*, oherwydd y mae ynddo lawer o gwestiynau, rhai ag atebion cywir iddynt, rhai ag atebion anghywir, a rhai heb atebion iddynt o gwbl. Efe yw'r unig athronydd o sylwedd yn hanes y byd a gynhyrchodd ddwy athroniaeth gwbl wahanol.

O ran ei natur, dyn poenus o ymwthiol a di-ildio oedd Wittgenstein i lawer, un a chanddo farn ar bob dim bron, ac yr oedd ofn yn elfen ym mherthynas llawer un ag ef. Yr oedd yn arbennig o ddilornus o athronwyr eraill a ystyriai ef eu bod yn llac yn eu gwaith. *"Bad philosophers"* meddai un tro, *"are like slum landlords. It's my job to put them out of business."* Ond dyn oedd ef ei hun heb flys am nac arian na sylw, a'i sêl dros wirionedd yn ddiamheuol ac yn angerddol. Etifeddodd gyfoeth mawr ar farw ei dad, ond rhoddodd y cyfan i'w chwiorydd am fod cyfoeth yn ei olwg ef yn ei gwneud hi'n anodd i fod yn berson da, a bod galw ar ddyn i fod yn berson da os yw am ymgyrraedd at wirionedd. Oherwydd hynny, ceisiai fyw i raddau'n feudwyaidd, ac yr oedd ei ystafell yng Nghaergrawnt yn foel. Yn y Rhyfel Byd Cyntaf, er y gallasai osgoi'r rhyfel yn gyfangwbl ar sail ei iechyd, mynnai gael ei ddanfon i'r mannau mwyaf peryglus ar faes y gad (ac ennill anrhydeddau am ddewrder), er mwyn adnabod ei hunan yn well.

Ni châi ond myfyrwyr o ddifrif ddod i'w seminarau yn ei ystafell. Ar yr adegau hynny, nid rhoi darlithiau ffurfiol a wnâi, ar athroniaeth Aristoteles dyweder, neu Blaton neu Hegel neu Kant, ond codi cwestiwn, ac yna wrth geisio ei ateb, athronyddu ei hun yno gerbron ei fyfyrwyr, ac wedyn, wedi blino'n lân, efallai y gofynnai i ryw fyfyriwr i fynd gydag ef i sinema yn y dref i weld ffilm cowboi. Nid yn unig yr oedd yn athrylith, yr oedd yn athrylith o ddifrif, a rhwng hynny a'i bersonoliaeth hypnotaidd, carismataidd, nid myfyrwyr oedd ganddo yn gymaint â disgyblion. Dilynai rhai ohonynt y meistr yn ei ymadroddion a'i ystumiau, a hyd yn oed ei ddull o wisgo! Cofiaf i mi, pan oeddwn yn fyfyriwr yn Princeton, fynd draw i Lyfrgell Speer yno un noson, i ddarllen cofiant byr i Wittgenstein gan un o'i fyfyrwyr, Norman Malcom, a ddaeth yn Athro Athroniaeth ym Mhrifysgol Princeton. Cofiaf yn dda i mi wedi ei orffen, gerdded yn ôl at fy ystafell yn Neuadd Brown drwy'r eira, o dan oleuadau melyn y campws, a chydfyfyriwr, Jack Miller o Montana, yn dod ar fy nhraws a gofyn i mi pam oedd dagrau yn fy llygaid.

Bu farw Wittgenstein yn nhŷ ei feddyg, yng Nghaergrawnt, ym 1951, ond mae'n dal yn ffigwr i'w drafod a dadlau yn ei gylch. Bu dadl yn ei gylch yn 'Y Traethodydd' y llynedd, ac yn ddiweddar hefyd, cyhoeddwyd *'Wittgenstein's Poker'*, llyfr a gafodd lawer iawn o sylw a chymeradwyaeth gan adolygwyr, llyfr seiliedig ar rywbeth a ddigwyddodd un hwyrnos yn Hydref 1946 yng Ngholeg y Brenin yng Nghaergrawnt – *'The Story of a Ten-Minute Argument Between Two Great Philosophers'* yw is-deitl y llyfr. Karl Popper oedd yr athronydd arall, ond nid damwain mae'n rhaid, o safbwynt gwerthu'r llyfr, yw mai enw Wittgenstein yn unig sydd ar y clawr. Yn wahanol i'r *'Tractatus'* a *'Philosophical Investigations'*, sy'n gwbl annarllenadwy i'r mwyafrif mawr ohonom, mae hwn yn llyfr darllenadwy iawn, ac yn gyflwyniad ardderchog i Wittgenstein a'i gefndir a'i waith.

Yr oedd cyswllt rhwng Wittgenstein a Chymru drwy'r athronydd Rush Rhees, darlithydd yng Ngholeg y Brifysgol yn Abertawe, cynddisgybl i Wittgenstein a dyfodd yn ffrind da iddo. Gwahoddai Rhees ef weithiau i rai o'i seminarau yn Abertawe, a thrwy hynny daeth rhai o fyfyrwyr Rhees y soniais amdanynt eisoes, megis Walford Gealey a fu'n ddarlithydd yn Adran Allanol Coleg Aberystwyth, ac Eirian Davies y bardd-bregethwr, i gyswllt â Wittgenstein. At hynny, yn ôl Ray Monk, yn ei lyfr ef arno, yr oedd Wittgenstein yn mwynhau arfordir Cymru (cofia William Davies, gweinidog gyda'r Annibynwyr, amdano'n cerdded y traeth yn Abertawe), ac yr oedd yn hoff o'r Cymry: *"I seem to find it more easy to get along with them here than in England. I feel much more often like smiling e.g. when I walk in the street....".* 'Swansea' yw teitl un o'r penodau yn llyfr Monk.

Ond âi ei gyswllt â Chymru yn ôl ymhellach na'i gyswllt â Rhees. Un noson ddiog o haf, aeth fy ngwraig a minnau i orsaf bysiau Rhydaman i gwrdd â'n merch ieuengaf yn dychwelyd o wyliau yn Aberaeron. Wedi iddi gyrraedd, gwelais wraig fechan oedrannus gerllaw yn edrych yn ofidus. Eisiau mynd i Abertawe oedd hi, a'r bws olaf wedi mynd. A ninnau'n mynd y rhan fwyaf o'r ffordd, fe'i gwahoddais i ddod gyda ni yn y car. Deëllais mai gweddw Heath, Athro Athroniaeth cyntaf coleg Abertawe, oedd hi. Ychydig o brifysgolion oedd ym Mhrydain pan oedd Heath wrthi, a holais a oedd hi wedi cwrdd â Bertrand Russell. Oedd yn wir, yr oedd ef wedi ymweld â'u cartref nhw droeon. Yna gofynnais iddi a oedd hi wedi cwrdd â Wittgenstein. Bu ei diweddar ŵr hi, meddai, yntau yn fyfyriwr yng Ngholeg y Drindod yng Nghaergrawnt, a deuai Wittgenstein i aros gyda nhw yn Abertawe o dro i dro. Dywedodd wrthyf pa bryd yr âi i'w wely, sut yr hoffai ei sglodion ac ati. Ni welais sôn yn yr un llyfr arall am y cyswllt hwn â Heath, felly mae'n bosibl bod hyn yn sgŵp Cymreig!

Mae gen i'n bersonol ddau reswm cryfach na dim a ddywedais hyd yn hyn dros ysgrifennu am Wittgenstein yn y llyfr hwn, ac y mae a fynno'r ddau â chrefydd. Pan ddaeth Wittgenstein i'r maes, yr oedd athroniaeth yn Lloegr wedi cefnu ar athroniaeth draddodiadol fetaffisegol, ac yn codi cwestiynau newydd, ynghylch rhesymeg ac iaith. Credai Bertrand Russell y gellid cael gwared ar y mwyafrif o broblemau oesol athroniaeth drwy ddatblygu rhesymeg yn fwy manwl, a diffinio geiriau'n ddiamwys – creu iaith newydd efallai. Ond daeth Wittgenstein i gredu na ellid creu iaith, mai rhywbeth organaidd oedd iaith, wedi tyfu ac aeddfedu dros ganrifoedd, ac wedi ei haddasu ei hun i fywyd y bobl a'i defnyddiai. Disgrifiodd iaith felly fel *'the skin of reality'*, a chredai na ellid mynd yn nes at realiti na *'ordinary language'*. Credai hefyd fod cylchoedd o ieithoedd, iaith gwyddoniaeth er enghraifft, ac iaith crefydd, a bod perthynas deuluol fel petai rhyngddynt, ond nad oedd dim ffon fesur y tu mewn i unrhyw gylch iaith a'i galluogai i ddweud bod cylch iaith arall yn ddiystyr. Ni allai gwyddoniaeth felly ddweud mai siarad diystyr oedd siarad am grefydd (ac ni allai crefydd ddweud hynny am wyddoniaeth, na hyd yn oed am anghrediniaeth). Dim ond o'r tu mewn i gylch iaith y gellid dweud bod rhywbeth a ddywedir ynddi'n ddiystyr. Pe dywedai rhyw Gristion fod Duw'n caru pawb, ac yna mynd ymlaen i ddweud ei fod yn credu y byddai Duw'n helpu ei wlad ef i fomio holl drigolion gwlad arall yn ulw, mae'r cwestiwn a yw un o'r gosodiadau hynny'n ddiystyr yn codi. Y pwynt yw nad gwyddoniaeth, dyweder, sy'n dweud bod un ohonynt yn ddiystyr, ond rhesymeg mewnol Cristnogaeth ei hun.

Dywedodd y diwinydd Don Cupitt hefyd ei bod hi'n bosibl mai newid holl gwrs athroniaeth a wnaeth Wittgenstein. Cwestiwn canolog athroniaeth fodern ers ei gychwyn, yw cwestiwn 'bod'. Sut wyddom ni fod unrhyw beth yn bod oedd cwestiwn sylfaenol y Ffrancwr, René Descartes, tad athroniaeth fodern. Ond gwthiodd Wittgenstein y cwestiwn hwnnw naill ochr, a rhoi yn y canol yn ei le y cwestiwn o ystyr. Mae'n anodd cyfleu camp mor fawr oedd hynny. Un o ganlyniadau'r newid, yw fod hynny'n rhoi o'r neilltu y cwestiwn a boenodd athroniaeth crefydd erioed, sef a yw Duw'n bod – cwestiwn anatebadwy i'r rheswm noeth – a rhoi yn ei le y cwestiwn, beth yw ystyr dweud bod Duw'n bod, neu a'i roi mewn ffordd arall, pa wahaniaeth a wna i ddweud bod Duw yn bod. Gellid cynnig ateb i'r cwestiwn hwnnw.

Nid yw pob athronydd yn bleidiol i waith Wittgenstein. Yn wir, disgrifiodd un athronydd ef fel *a one-eyed king among the blind*! Ond achubodd Wittgenstein yr athronwyr a ddechreuai lle y dechreuodd ef, oddi wrth ddiffiniad o'u gwaith a dorrai bob sôn am grefydd allan ohono. Gwnaeth ef hi'n bosibl i'r rhai ohonynt a fynnai wneud hynny i drafod crefydd heb gyfaddawdu ar eu cywirdeb deallusol. Galluogodd grefyddwyr sy'n darllen athroniaeth hefyd, ac sydd â rhyw syniad am yr hyn sy'n digwydd yn y byd hwnnw heddiw, i deimlo'n llai rhanedig a rhwystredig wrth geisio byw eu ffydd yn feddylgar. Ond yn ogystal â dylanwadu ar athronwyr a darllenwyr athroniaeth, gall athronwyr o bwys, dros amser, ddylanwadu ar y gymdeithas yn gyffredinol, a gallant weithiau hefyd achub byd ffydd rhag elfennau anaeddfed a niweidiol. Yn nhyb rhai, mae gwaith Wittgenstein wedi bod yn gwneud y ddeubeth hynny ers tro nawr. Yn sicr, mae deall y math ar feddyliau a drafodai ef, a'i ffordd ef o feddwl, yn help mawr, os nad yn anhepgor, i ddeall rhai agweddau o ddiwinyddiaeth gyfoes.

Mae gorwelion byd ffydd yn lletach nag y sylweddolwn ni fel arfer, a bydd ambell enaid yn ymgodymu â materion ffydd mewn ffyrdd na fydd y mwyafrif o grefyddwyr yn eu hystyried yn grefyddol. Bedyddiwyd Wittgenstein mewn eglwys Babyddol, a phan fu farw, trefnodd rhai o'i ffrindiau – heb wybod yn iawn beth i'w wneud – iddo gael ei gladdu ym mynwent eglwys *St. Giles* yng Nghaergrawnt, gan offeiriad Pabyddol, ac yn ôl defodau Pabyddol. Ond nid oedd wedi byw fel Pabydd, a dywedodd un tro na allai gredu'r hyn a gredai Pabyddion. Eto i gyd, mewn ffordd bwysig ond anodd i'w diffinio, meddai Ray Monk, bu fyw bywyd defosiynol o grefyddol. Yn y diwedd, yr hyn yr ymgyrhaeddai ato oedd ystad o ddifrifoldeb ac integriti a allai sefyll yn wyneb arolwg y barnwr caletaf oll, ei gydwybod ei hun – "*the God who in my bosom dwells*". A thua diwedd ei oes, wrth bacio rhai o'i nodiadau a'i lawysgrifau mewn gwesty yn Nulyn, dywedodd wrth ffrind iddo, "Ysgrifennodd Bach ar dudalen blaen ei *Orgelbüchlein*, 'Er gogoniant i'r Duw goruchaf, ac er mwyn dwyn bendith i fy nghymydog.' Dyna'r hyn yr hoffwn iddo gael ei ddweud am fy ngwaith innau."

8. Ecwmeniaeth

Daw'r gair ecwmeniaeth o'r gair Groeg *oikumene*, sy'n golygu'r holl fyd y mae pobl yn trigo ynddo. Pan alwyd esgobion yr Eglwys Fore o bob rhan o'u byd hwy i drafod rhyw fater, yn Nicea er enghraifft, neu Gaergystennin, galwyd y cynulliadau hynny'n gynghorau ecwmenaidd. Heddiw, defnyddir y gair hefyd am **gyffro** Cristnogol a ddechreuodd fwy na heb yn y bedwaredd ganrif ar bymtheg, ac a arweiniodd yn yr ugeinfed ganrif at sefydliadau y gellir eu galw gyda'i gilydd yn **fudiad** ecwmenaidd.

Yng ngolwg rhai, hanfod ecwmeniaeth yw undod eglwysig, dyna yw prif neu unig ystyr y gair iddynt. Yn America defnyddir y gair nawr am ambell ddod ynghyd nad oes a fynno o gwbl â Christnogaeth. Gwelais hysbysiad un tro am gyngerdd y byddai Côr Iddewig Ecwmenaidd yn canu ynddo – côr a'i aelodau'n dod o wahanol synagogau efallai, neu o wahanol ganghennau o Iddewiaeth, megis Iddewiaeth Uniongred ac Iddewiaeth Ddiwygiedig. Gan fod y mudiad ecwmenaidd wedi datblygu i raddau helaeth y tu allan i brofiad mwyafrif eglwysi America, mae rhywfaint o esgus dros i Gristnogion yno gyfystyru'r gair ag undod. Ond yn ddiweddar gwelais erthygl yn Gymraeg gan swyddog i gorff ecwmenaidd yng Nghymru yn rhyw gymryd yn ganiataol mai undod eglwysig yw ystyr ecwmeniaeth, ac erthygl gan arweinydd enwadol amlwg yn dweud hynny'n blaen. Ond mae hanes i ecwmeniaeth fodern, ac nid undod eglwysig yw unig bwyslais yr hanes hwnnw.

Dechrau'r **cyffro** ecwmenaidd ym Mhrydain a mannau eraill, oedd ymdrech Cristnogion ymroddgar yn niwedd y ddeunawfed ganrif ac ar hyd y bedwaredd ganrif ar bymtheg i gysylltu â rhai allan o gyrraedd yr eglwysi traddodiadol. Ffurfiwyd Cymdeithas Genhadol Llundain yn gorff anenwadol ym 1795 i hyrwyddo cenhadaeth dramor. Ffurfiwyd y YMCA gan George Williams ym 1844, yn fangre anenwadol rhwng yr enwadau a'r byd, gyda'r bwriad o helpu dynion ifainc a oedd bryd hynny'n llifo i mewn i Lundain i gael gwaith yno, i wella eu hunain yn gorfforol, meddyliol ac ysbrydol. Ffurfiwyd Ffederasiwn Myfyrwyr Cristnogol y Byd yn gorff anenwadol ym 1895 gan y lleygwr Americanaidd, John Mott.

Gwelodd y cyfnod hwnnw sefydlu llawer o gyrff eraill tebyg, cymdeithasau o Gristnogion o'r un meddwl, yn gweithio ynghyd i gyflawni mewn amgylchiadau newydd ryw amcan cenhadol na allai neu na welai'r enwadau yn dda ei gyflawni. Ond er mai cymdeithasau anenwadol oedd y rhain, nid creu cymdeithasau anenwadol oedd bwriad eu sefydlu. Yr oeddent yn anenwadol oherwydd mai pobl yn digwydd perthyn i wahanol enwadau a welai'r galw, neu oherwydd mai at bobl o unrhyw enwad yr anelent. Cenhadaeth oedd eu nod, nid undod.

Gellir dyddio'r **mudiad** ecwmenaidd modern o Gynhadledd Genhadol Caeredin ym 1910. Yn ei lyfr '*Breakthrough*', disgrifia Robert Bilheimer ddatblygiad y mudiad ecwmenaidd yn y tri degawd o Gynhadledd Caeredin hyd at yr Ail Ryfel Byd fel '*an emerging consciousness of the People of God in the World as a whole.*' Esbonia mai tair elfen oedd yn yr ymwybyddiaeth newydd hon: symudiad o genadaethau tramor i genhadaeth fyd-eang yr Eglwys; symudiad a chwiliai am adnewyddiad yr Eglwys drwy gyffesu'r ffydd mewn perthynas â chymdeithas a diwylliant; a'r drydedd elfen oedd y symudiad oddi wrth yr enwadau traddodiadol, tuag at weledigaeth anniffiniol o undod eglwysig gweledig.

Gan fod cenhedlaeth newydd yn codi na chlyw nemor ddim bellach am hanes y mudiad yn gyffredinol, gall fod o fudd i nodi rhai agweddau o'i anian, a rhoi enghreifftiau hanesyddol i'w hegluro. Cafodd yr Eglwys Babyddol ei mudiad ecwmenaidd ei hun fel petai, a gyrhaeddodd ryw fath ar benllanw ym 1962, pan gychwynnodd Fatican II, ond cyfyngaf fi fy hun yn yr ysgrif hon i'r mudiad ecwmenaidd ymhlith Protestaniaid ac Anglicaniaid a'r Eglwysi Uniongred, ac yn bennaf fel y mae wedi amlygu ei hun yng nghyswllt Cyngor Eglwysi'r Byd – a sefydlwyd ym 1948 (ond a fyddai wedi ei sefydlu'n gynt oni bai am yr Ail Ryfel Byd).

Yn gyntaf, mae a fynno ecwmeniaeth â chyfanrwydd bywyd. Cystal eglureb â dim o'r pwyslais hwn oedd gwrthdaro yn nhridegau'r ganrif ddiwethaf a fu'n rhan o boenau esgor Cyngor Eglwysi'r Byd. Asgwrn y gynnen oedd Hitler a Natsïaeth.

Ar y naill law yr oedd dynion fel Frank Buchman o'r Mudiad Ailarfogi Moesol, Arthur Headlam, Esgob Caerloyw, a'r Esgob Heckel, cynrychiolydd Eglwysi Rhydd yr Almaen. Ym 1936 diolchodd Buchman am ddyn fel Adolf Hitler a adeiladodd *'front line of defence'* yn erbyn Comiwnyddiaeth. Cyffrowyd Headlam, fel sawl gŵr amlwg arall, o Dywysog Cymru, Edward VIII, hyd at Martin Heidegger yr athronydd, gan Natsïaeth. Elfennau a apeliodd yn arbennig at Headlam oedd trefn a disgyblaeth y gorymdeithiau yn Berlin, ac ymgyrch Natsïaeth yn erbyn anfoesoldeb rhywiol. Ym 1937 ysgrifennodd nad oedd y Drydedd *Reich* yn wrth-Gristnogol, ei bod hi wedi ei sylfaenu ar Gristnogaeth uniongred, ac nad oedd y wladwriaeth yn yr Almaen yn erlid gweinidogion a gyfyngai eu hunain i bregethu gwirioneddau'r efengyl. Dim ond pan ddefnyddid y pulpud i feirniadu'r llywodraeth y codai anawsterau!

I'r pegwn arall yn y gwrthdaro yr oedd Dietrich Bonhoeffer, y diwinydd ifanc a laddwyd gan Hitler ddyddiau cyn diwedd y rhyfel, y lleygwr J. H. Oldham, a Visser 't Hooft, a ddaeth yn Ysgrifennydd Cyffredinol cyntaf Cyngor Eglwysi'r Byd. Yr oedd Buchman wedi sôn am 'droi' Hitler. Ond rhaid ein troi ni, medd Bonhoeffer, nid troi Hitler. Mewn llythyr a ysgrifennodd ym 1934 eglurodd beth a olygai wrth dröedigaeth yn y sefyllfa honno. Tröedigaeth oedd hi i gyffesu Crist drwy wneud safiad yn y frwydr am enaid yr Almaen, a chyffesu Crist, medd Oldham, oedd meddwl am iachawdwriaeth yn nhermau tasgau a brwydrau ein cyfnod ni. Os na ddeallwn hyn, meddai Bonhoeffer, nid yw'r mudiad ecwmenaidd yn ecwmenaidd mwyach.

Mae hyn yn wahanol i safbwynt traddodiadol Billy Graham er enghraifft, y gorau o ddigon o efengylwyr blaenllaw ei genhedlaeth ef yn yr Unol Daleithiau, o ran moesoldeb personol, atebolrwydd ariannol, a menter a dewrder. Mae ei foesoldeb personol yn ddilychwin, mae wedi arwain mewn cyfyngu ar gyflogau efengylwyr enwog, ac aeth i Rwsia pan oedd hynny'n beth amhoblogaidd iawn i'w wneud yng ngolwg ei ddilynwyr. Yn ôl Robert Bilheimer yn y llyfr ganddo a nodais uchod, bu Billy Graham yn bresenoldeb cryf ym 1958 mewn Ymgynghoriad gan Gyngor Eglwysi'r Byd yn Genefa ar Ddiwinyddiaeth Efengylu. Oni bai am bresenoldeb Graham, meddai Bilheimer, byddai'r ymgynghoriad hwnnw wedi methu oherwydd dyfnder y gwahaniaethau rhwng y rhai yno, a sonia am *'his statesmanlike attitude toward the ecumenical movement, and his ability to change his opinions and outlook'*. Ac er i'r Ymgynghoriad barhau dros ddeng niwrnod, fe arhosodd tan y diwedd!

Ond er ei ragoriaethau ni chymerodd Billy ran o gwbl ym mrwydr Martin Luther King ac eraill dros gydraddoldeb i'r dyn du yn nhaleithiau deheuol America yn chwe degau'r ganrif ddiwethaf. Gellid deall hynny i raddau, ac ni olyga hynny na fuasai wedi gwneud hynny'n ddiweddarach, oherwydd nid tan 1974, mewn cynhadledd yn Lausanne, y cytunodd Cynghrair Efengylaidd y Byd fod goblygiadau cymdeithasol yr efengyl yn rhan o'r efengyl.

Yn ail, mae a fynno ecwmeniaeth â chyfanrwydd pobloedd y byd. Yng nghynhadledd Cyngor Eglwysi'r Byd yn Nairobi ym 1975 (y Bumed), sefydlodd y Cyngor 'Rhaglen i Wrthsefyll Hilyddiaeth'. Tynnodd un rhan o'r Rhaglen hwnnw nyth cacwn am ben y Cyngor. Yn lle cynnig dim ond datganiadau, cymerodd y Cyngor ochr ymarferol yn y frwydr yn erbyn hilyddiaeth yn Ne Affrica. Rhoddodd arian i rai o'r grwpiau a oedd yn ymladd yn enw rhyddid a chydraddoldeb yn erbyn eu llywodraeth yno, er mwyn iddynt gynhyrchu llenyddiaeth yn erbyn *apartheid*, a rhoi gofal meddygol i'w milwyr – gan fod y milwyr a ymladdai o blaid y drefn *apartheid* yn cael y gofal meddygol gorau posibl. Nid oedd yr arian i'w ddefnyddio i brynu arfau, a dywedwyd bod y gwrthryfelwyr yn derbyn yr amod honno. Ond nid oedd dim i warantu y cadwai'r gwrthryfelwyr eu gair, a beth bynnag, gellid dadlau y byddai'r arian a roddid yn rhyddhau arian arall ar gyfer prynu arfau.

Pryderai llawer o Gristnogion ynghylch gweithgarwch o'r fath yn enw Eglwysi, ond yr oedd rhai yn ffyrnig yn ei erbyn, yn arbennig Americaniaid (y bobl gyntaf yn y byd i wrthryfela yn erbyn llywodraeth eu gwlad – dair blynedd ar ddeg cyn y chwyldro Ffrengig!) Yr halen ar y briw i'r Americaniaid oedd bod rhai o'r milwyr a ymladdai yn erbyn llywodraeth De Affrica â thueddiadau comiwnyddol. Gwnaeth y *'Reader's Digest'* yn America fôr a mynydd o hyn, ar sail tystiolaeth gyfyng a sigledig iawn, a chynhyrchodd *'Sixty Minutes'*, rhaglen deledu Americanaidd wych fel arfer, rifyn yn erbyn Cyngor Eglwysi'r Byd, a Chyngor Cenedlaethol Eglwysi America, a oedd yn anhygoel o sâl ei hymchwil a'i ffynonellau.

Ymwelodd Nelson Mandela â Chynhadledd ddiwethaf Cyngor Eglwysi'r Byd, yn Simbabwe, ym 1998 (yr Wythfed), a diolchodd i'r Cyngor am ei gefnogaeth i'r duon yn nyddiau *apartheid*, ond collodd Cyngor Cenedlaethol Eglwysi America lawer o dir yn America oherwydd yr ymosodiadau ar y 'Rhaglen i Wrthsefyll Hilyddiaeth', ac nid yw eto wedi adennill y tir a gollodd bryd hynny. Ond un rhan yn unig o'r 'Rhaglen i Wrthsefyll Hilyddiaeth' oedd rhoi arian i rai a ymladdai yn erbyn eu llywodraeth yno, a neges y Rhaglen gyfan oedd bod trin unrhyw garfan yn isradd am unrhyw reswm systemig, boed liw croen neu genedl neu grefydd neu wleidyddiaeth neu ryw, yn gwbl groes i anian y genhadaeth Gristnogol ecwmenaidd.

Yn drydydd, mae a fynno ecwmeniaeth â chyfanrwydd y greadigaeth. Newidiodd y byd a'i broblemau ers sefydlu Cyngor Eglwysi'r Byd, a cheisiodd y Cyngor symud ymlaen i gyfarfod â sialensiau newydd. Yn ei Gynhadledd yn Vancouver ym 1983 (y Chweched), ychwanegwyd rhaglen ar 'Cyfiawnder, Heddwch a Chyfanrwydd y Greadigaeth' at ei agenda. Hen bwysleisiau oedd y ddau gyntaf, wedi eu rhoi mewn rhaglen newydd iddynt gael mwy o sylw. Ond yr oedd y pwyslais ar les y cread yn un newydd ar y raddfa hon.

Esgorodd bygythiadau cyfoes yn erbyn y cread ar ymwybyddiaeth newydd o'i harddwch a'i gytgord a'i freuder. Ymhlith Cristnogion (a chrefyddwyr eraill), esgorodd hefyd ar ymwybyddiaeth newydd o Dduw y Creawdwr, a'n cyfrifoldeb ninnau i warchod y cread a roddodd Ef yn gartref dros dro i ni, gan ein gwneud yn stiwardiaid ohono. Golyga hynny ymateb i'r bygythiadau yn ei erbyn, o'r nwyon niweidiol i'r mynyddoedd o sbwriel y mae gwledydd y Gorllewin yn eu cynhyrchu, o'r anrheithio o diroedd a moroedd a choedwigoedd ac afonydd er mwyn elw, i'r wasgfa ariannol ar wledydd tlawd i gamddefnyddio eu hadnoddau er mwyn talu eu dyledion i wledydd y Gorllewin. Cododd Konrad Raiser, Ysgrifennydd Cyffredinol Cyngor Eglwysi'r Byd tan yn ddiweddar, gwestiynau radical iawn ynghylch ffurf ecwmeniaeth yn wyneb peryglon globaleiddio a chwmnïoedd busnes anferth a'r fasnach rydd. Gan nad yw'r eglwysi traddodiadol yn abl neu'n barod i wynebu'r peryglon hyn – ar wahân i rai ymgyrchoedd addawol megis Masnachu Teg – soniodd Raiser am berthynas bosibl rhwng Cyngor Eglwysi'r Byd, ac ecwmeniaeth yn gyffredinol, â mudiadau fel Amnest a *Greenpeace*.

Yn olaf, mae a fynno ecwmeniaeth â chyfanrwydd yr Eglwys. Mae'r proses o ddadwneud hen raniadau eglwysig sy'n llai ystyrlon nag y buont, a symud tuag at undodau wedi eu ffurfio o elfennau eglwysig sy'n dal yn ddilys, a strwythurau newydd i wynebu'r heriadau cyfoes i'r efengyl, yn digwydd bob amser mewn rhyw fan arbennig. Gall gymryd llu o ffurfiau gwahanol. Dyna pam nad yw Cyngor Eglwysi'r Byd erioed wedi cychwyn symudiadau penodol tuag at undod, er ei fod bob amser yn barod i fod o wasanaeth pan gychwynna rhywrai eraill fenter felly.

Cyhuddwyd Cyngor Eglwysi'r Byd yn aml gan rai sy'n gwrthwynebu ecwmeniaeth o dderbyn yn aelodau bawb yn ddiwahân, heb unrhyw amodau aelodaeth. Nid yw hynny'n fanwl gywir, gan fod ganddo gredo Trindodaidd. (Beirniadodd y diweddar Gwilym Bowyer, Prifathro Coleg Bala-Bangor, Y Cyngor, am ei fod yn cau Crynwyr a Byddin yr Iachawdwriaeth allan o aelodaeth lawn. Mae'n cau Undodiaid allan hefyd, wrth gwrs. Dim ond aelodaeth ategol sy'n agored i'r cyrff hyn).

Ond yn ychwanegol at hynny, ym 1961, cynhaliwyd Trydedd Gymanfa Cyngor Eglwysi'r Byd yn Delhi Newydd, yn yr India. Hwnnw oedd y tro cyntaf i'r Cyngor gynnal Cymanfa mewn gwlad o bobl groen tywyll, ac yr oedd rhai o Eglwysi'r Cyngor, Eglwysi'r *'Dutch Reformed'* yn Ne Affrica, yn arddel polisi *apartheid* eu llywodraeth. Trefnwyd i un o is-ysgrifenyddion y Cyngor i gyfarfod â chynrychiolwyr o'r Eglwysi hynny yn Cottessloe yn Ne Affrica cyn y Gymanfa. Wedi'r cyfarfod, datganodd cynrychiolwyr yr Eglwysi eu gwrthwynebiad i *apartheid*, ond wedi iddynt ddychwelyd i'w cartrefi, fe'u gorfodwyd gan Lywydd De Affrica ar y pryd, Dr Verwoerd (diwinydd!), i dynnu eu datganiad yn ôl. O ganlyniad, gwrthodwyd aelodaeth bellach yng Nghyngor Eglwysi'r Byd i'r Eglwysi hynny. Er mor eiddgar yw Cyngor Eglwysi'r Byd i dderbyn Cristnogion lle bynnag y bônt, a thrwy hynny i barchu pob barn a phwyslais, ni allai gyfaddawdu ar y mater hwn. Yr oedd Cynhadledd Rhydychen ar Ffydd a Threfn ym 1937, y gynhadledd a baratôdd ar gyfer sefydlu Cyngor Eglwysi'r Byd, eisoes wedi datgan mai cyffesu Crist yw *'to be the Church'*, ac mai ystyr bod yn Eglwys yw 'bod yn gymdeithas mor ddwfn fel na ellir ei rhwygo gan wahaniadau daearol na hil na chenedl na dosbarth'.

Erbyn heddiw, mae rhaniadau newydd yn bygwth Cristnogaeth a'i heglwysi yn ychwanegol at y rhai enwadol traddodiadol. Mae'n debyg y bydd dwy ran o dair o Gristnogion y byd erbyn diwedd y ganrif hon yn y Trydydd Byd. (Yr Anglican nodweddiadol heddiw, meddai un sylwebydd, yw menyw wyth ar hugain oed o Kenya.) Nid yw rhaniadau enwadol y Gorllewin yn gynhenid i Gristnogaeth y Trydydd Byd, a bydd hynny'n siŵr o effeithio ar y syniad mai dealltwriaeth well rhwng strwythurau enwadol â'u gwreiddiau yn Ewrop yw undod eglwysig.

Mae gwedd arall ar undod eglwysig yn dod i'r golwg eisoes. Yn wythdegau'r ganrif ddiwethaf, aeth Pabyddes o'r Almaen i fod yn Athro mewn Diwinyddiaeth Ecwmenaidd yn un o daleithiau deheuol America. Wedi astudio mewn colegau Anglicanaidd, Lwtheraidd, Diwygiedig a Phabyddol, yr oedd lle ganddi i deimlo'n gymwys ar gyfer ei thasg. Ond pan wahoddwyd hi i siarad â rhai gweinidogion lleol, daeth ar draws rhaniad, nid rhwng enwadau, ond y tu mewn i enwadau, oherwydd cododd un o'r gweinidogion a dweud nad oedd ei gynulleidfa

Fethodistaidd ef yn cael dim trafferth o gwbl ag enwadau eraill – cyhyd â bod eu haelodau'n wyn eu croen.

Un o ganlyniadau newidiadau mawr cymdeithasol y blynyddoedd diwethaf hyn yw'r straen cynyddol sy'n digwydd y tu mewn i enwadau. Gadawodd y gwleidydd Anne Widdecombe Eglwys Loegr – ac nid y hi'n unig – pan benderfynodd yr Eglwys honno ordeinio menywod. Gwyddom bawb am y straen y tu mewn i'r teulu Anglicanaidd byd-eang oherwydd urddo dyn hoyw yn esgob yn nhalaith New Hampshire yn yr Unol Daleithiau. Yn yr Unol Daleithiau hefyd, mae methiant y Cardinal Bernard Law, pennaeth archesgobaeth fawr a chyfoethog Boston, i ddiogelu plant rhag offeiriaid a fu'n ymhel â phlant yn rhywiol, wedi arwain, nid yn unig at gefnu ar yr Eglwys Babyddol gan lu o'i haelodau, ond at symudiad ymhlith lleygwyr ac offeiriaid sy'n aros yn yr Eglwys yno, i newid strwythurau pŵer yn yr Eglwys Babyddol. Ac mae gweinidogion wedi ymffurfio'n garfanau ar sail enwadaeth neu agwedd at y Beibl y tu mewn i rai o enwadau Cymru. Mae cwestiwn undod eglwysig wedi lledu!

Newidiodd y mudiad ecwmenaidd fywyd yr holl Eglwysi Cristnogol yn sylweddol iawn. Mae Cristnogion nad oes ganddynt ddiddordeb yn y mudiad, na chydymdeimlad â'r hyn a gredant hwy sy'n amcanion iddo, wedi elwa arno. Hyd yn oed os na chofiant mor ddrwg yr oedd pethau weithiau rhwng yr enwadau yn yr hen ddyddiau, maent wedi elwa ar y berthynas newydd rhwng Cristnogion o ganlyniad i'r mudiad ecwmenaidd. Faint o weinidogion anecwmenaidd, os nad gwrthecwmenaidd, sydd erbyn hyn â gofalaeth bro? Mae'n lled ddiogel dweud na fyddai hynny'n bosibl oni bai am yr awyrgylch newydd cydenwadol a grëwyd gan y mudiad ecwmenaidd. A gall Cristnogion yn gyffredinol ddefnyddio Cymorth Cristnogol yn sianel i gyfrannu drwyddo at anghenion trueiniaid byd, heb gofio mai ffrwyth Cyngor Eglwysi'r Byd – ac yng Nghymru, ffrwyth gwaith yr hen Gymdeithas Ecwmenaidd Cymru – yw Cymorth Cristnogol.

Ond ers tro byd nawr, chwilio am gyfeiriad y bu'r mudiad ecwmenaidd. Dechreuodd hyn ddod i'r amlwg yn Chweched Gymanfa Cyngor Eglwysi'r Byd yn Vancouver ym 1983. Yr oedd llawer o'r rhai a drefnodd y Gymanfa wedi ymladd i gael mwy o bobl ifainc a lleygwyr a gwragedd a gweithredwyr (*activists*) i'r Gymanfa. Ond lle dryslyd iawn yw Cymanfa fawr ecwmenaidd i newyddian yno. At hynny, mae gallu cyfrannu at symud bywyd y Cyngor ymlaen mewn Cymanfa yn golygu paratoi trylwyr iawn, drwy ddarllen adroddiadau a ddaeth o'r Gymanfa flaenorol, ac adroddiadau am y datblygiadau a fu ers hynny, ac agenda'r Gymanfa ei hun. Yr oedd nifer mawr o'r cynrychiolwyr newydd ar goll yn y trafodaethau yn Vancouver, ac yn hytrach na chyfrannu atynt, gweld y Gymanfa'n llwyfan i'w hachosion arbennig eu hunain wnaeth llawer o'r cynadleddwyr. O ganlyniad, yr oedd ffrwyth rhai o'r trafodaethau yno ymhellach yn ôl na ffrwyth trafodaethau'r Bumed Gymanfa yn Nairobi ym 1975. Y broblem, meddai Visser 't Hooft, ychydig cyn ei farw, yw bod y mudiad ecwmenaidd wedi tyfu a llwyddo'n rhy gyflym.

Ni ŵyr fawr o neb ar hyn o bryd beth fydd y cyfeiriad iawn i'r mudiad ecwmenaidd yn y dyfodol, ond mae un peth yn siŵr – os nad yw'r rhai sy'n gefnogol iddo am fod yn rhwystr iddo, rhaid iddynt gofio bob amser bod ecwmeniaeth yn llawer mwy nag undod eglwysig.

9. Awdurdod

Yn yr ysgol gynradd a fynychais i, unwaith y gwisgem ni fechgyn drowsus hir, ein hateb i beth bynnag a ddywedai cyfoed wrthym wedyn fyddai, 'Pwy sy'n dweud?' Cwestiwn ynghylch awdurdod a ddaeth yn bwysicach gyda'r blynyddoedd, a hen gwestiwn i Gristnogion.

Profiad meddwol i Gristnogion y bedwaredd ganrif mae'n rhaid, wedi i'r Eglwys gael ei herlid lawer yn y canrifoedd cyn hynny gan Ymerodraeth Rufain, oedd i Gystennin Fawr ddedfrydu mai Cristnogaeth fyddai ffydd yr Ymerodraeth o hynny ymlaen. Ond ysywaeth, dilynwyd y digwyddiad hwnnw ymhen amser gan benodau erchyll yn hanes yr Eglwys, pan ddefnyddiodd hithau awdurdod gwlad i erlid Cristnogion a ystyriai'n hereticiaid neu'n anffyddwyr.

Deil yr Eglwys i arddel math ar awdurdod sy'n groes i ysbryd yr efengyl yng ngolwg rhai, sef awdurdod terfynol a rydd i ryw elfen neu'i gilydd yn ei bywyd hi – i Bab, neu drefn eglwysig, neu gredo, neu ddatganiad. Yng Nghymru, ers y Diwygiad Protestannaidd, yr elfen yn anad un y tadogodd y mwyafrif o Gristnogion awdurdod terfynol iddo yw'r Beibl.

Am ganrifoedd ystyriai Cristnogion y Beibl yn 'Air Duw'. Ar hyd y cyfnod hwnnw cododd anghysonderau yn nhestun y Beibl lawer o gwestiynau, a cheisiwyd eu hateb, drwy alegoreiddio rhai rhannau o'r Beibl, neu eu trin yn ddamhegol, neu eu hanwybyddu. Ond fel y dywedodd Gwilym Bowyer, Prifathro Coleg Bala-Bangor, yn ei ddarlith i Undeb yr Annibynwyr (1954), 'Ym Mha Ystyr Y Mae'r Beibl Yn Wir', tra cytunai pawb fod y

Beibl ar ryw ystyr yn 'Air Duw', nid oedd yr anghysonderau ynddo o bwys aruthrol. Eithr pan ddatblygodd beirniadaeth Feiblaidd fodern, meddai'r Prifathro, cododd sefyllfa newydd a alwai am ymateb newydd i natur y Beibl.

Ymateb rhai Cristnogion i'r sefyllfa newydd oedd llythrenoliaeth Feiblaidd fwy 'gwyddonol' ei hysbryd na'r hen gred yn y Beibl fel Gair Duw. Mae'r ymateb hwn yn ddeniadol. Gall deimlo'n angor diogel i rai sy'n ofidus ynghylch newid, a chynigia atebion syml a chlir i rai cwestiynau caled. Yn aml daw â chrynodeb o neges y Beibl sy'n werthfawr yng ngolwg llawer, gall borthi awydd pregethwr am awdurdod terfynol mewn byd cymhleth, a gall greu cymunedau cefnogol iawn i rai sy'n ei dderbyn. Ni allaf fi dderbyn y safbwynt hwn, ond wrth esbonio pam, nid ceisio mynd i'r afael â rhai sydd yn ei dderbyn yr wyf. Pwrpas mwy tangnefeddus sydd gen i, sef rhannu fy rhesymau i dros ei wrthod ag eraill na allant hwythau dderbyn y safbwynt hwnnw.

Un rheswm dros beidio â chredu mai'r Beibl yw 'Gair diwall ac anffaeledig Duw' yw'r anghysonderau yn y Beibl, megis gwahanol feddyliau Paul ynghylch safle gwragedd, a gwahanol fersiynau o Weddi'r Arglwydd. Ond nid amlhaf enghreifftiau yma. Gall y neb a fyn droi at restr ohonynt yn llyfr James Barr, *Escape from Fundamentalism'*.

Un arall yw mai o'r tu allan i'r Beibl y daw'r gred yn ei anffaeledigrwydd. Weithiau defnyddir geiriau o'r Ail Lythyr at Timotheus, 'Y mae pob Ysgrythur wedi ei hysbrydoli gan Dduw', i'w chyfiawnhau, ond nid yw 'ysbrydoli' yn golygu 'llythrennol wir bob gair', ac nid oedd y Testament Newydd yn bod pan ysgrifennwyd yr adnod honno. Dadleuir hefyd na ymddiriedai Duw iachawdwriaeth ei anwyliaid i Feibl ffaeledig. Hyd yn oed a derbyn y gair 'ffaeledig' yma, dadl amheus iawn yw honno, a dweud y lleiaf, ac nid o'r Beibl y daw hithau chwaith.

Rheswm pellach yw nad yw credoau'n bod yn ynysig, dibynnant ar gredoau eraill, ac mae rhai eraill ymhlyg ynddynt. Er enghraifft, cred sy'n oblygedig yn y gred yn anffaeledigrwydd y Beibl, yw fod pob rhan ohono'n gyfwerth, cred ymarferol a rhesymegol a moesol amhosibl i mi ei choleddu. Yn wir, mae'n un

frawychus i mi pan ystyriaf rai rhannau o'r Beibl. Ni ddaw hithau
o'r Beibl eto, na chredoau eraill sydd ymhlyg yn y gred yn
anffaeledigrwydd y Beibl.

Ar ben hyn, mae dau berygl i'r gred bod y Beibl yn anffaeledig.
Un yw ei bod yn arwain yn rhwydd at siarad imperialaidd. Mae
gen i atgof poenus am bregethwr a ddywedai byth a hefyd mewn
pregeth – "Nid y fi sy'n dweud hyn, Duw sy'n dweud hyn." Pan
wnâi hynny, er mai ifanc iawn oeddwn i ar y pryd, ac er nad
amheuwn am eiliad ddidwylledd y pregethwr, fy nheimlad i oedd
fod fy neall i'n cael ei dreisio, ac yn waeth, fod Duw'n cael ei
ddefnyddio i ennill dadl.

Y perygl arall yw bod y gred hon o'r un anian â'r ysbryd
ffwndamentalaidd y mae gweddau dieflig iddo yn y byd heddiw.
Gwraidd y gair 'ffwndamentaliaeth' yw mynegiant Cristnogion
Americanaidd yn Niagara ym 1895 o bum pwynt *fundamental* y
ffydd Gristnogol yn eu golwg hwy, ond bellach defnyddir ef am
ysbryd sy'n arwain pobl, o ba ffydd bynnag, i gredu bod eu
gwirionedd nhw y tu hwnt i bob trafod, ac yn hawlio'r
teyrngarwch eithaf. Hyn a arweiniodd Gristnogion yn America i
daflu bomiau at glinigau erthylu, gan ladd meddygon – safbwynt
gwahanol i un Martin Luther King, a ddywedodd, *'If there is
blood to be spilled, it must be our blood'*. Afraid dweud y byddai llu
o Gristnogion ffwndamentalaidd yn condemnio pob trais, ond
mae perthynas deuluol rhwng y ddwy gred. (Ym marn y Tywysog
Saud al Feisal o Saudi Arabia, mae ffwndamentaliaeth ar i lawr yn
y Dwyrain Canol, ond ar gynnydd yn y Gorllewin!)

Yn y ddarlith ganddo y soniais amdani uchod, rhoddodd y
Prifathro Gwilym Bowyer fynegiant i safbwynt arall. Iesu,
meddai, yw Gair Duw, nid y Beibl. Os drwy eiriau ffaeledig dynol
y daw Gair Duw atom, yna rhaid trin y geiriau hynny'n ofalus
iawn, ond tyst i Iesu, Gair Duw, yw'r Beibl, nid Gair Duw ei hun.
(Disgrifia un awdur Pabyddol y Beibl fel *'the echo of the word of
God'*.)

O ystyried yr holl bregethwyr a gytunodd, i bob golwg, â
Gwilym Bowyer, mae'n rhyfedd cynifer o'u gwrandawyr a
ddaliodd i gymryd yn ganiataol mewn rhyw ffordd neu'i gilydd
mai Gair Duw yw'r Beibl. Ni fûm i erioed o dan weinidogaeth

pregethwr a honnai ei fod yn credu hynny. Eto, cofiaf y sioc a gefais o glywed y Prifathro Williams Hughes, Coleg y Bedyddwyr ym Mangor, yn fy narlith gyntaf ganddo ar destun Groeg y Testament Newydd, yn egluro bod Marc, yn nhrydedd adnod ei efengyl, wrth ddyfynnu geiriau o Eseia, wedi eu newid i'w cymhwyso at Ioan Fedyddiwr. Esboniodd mai trefn gywir geiriad Eseia yw, 'Llef un yn llefain, "Paratowch yn yr anialwch ffordd yr Arglwydd",' ond geiriad Marc yw, 'Llef un yn llefain yn yr anialwch, "Paratowch ffordd yr Arglwydd".' Rhan o'r sioc oedd nad camgymeriad damweiniol mo hwn, megis cymysgu dyddiadau, neu gamgopïo, ond newid bwriadol ar y testun Beiblaidd gan un o'i awduron ei hun, er mwyn ei bwrpas ef.

Cyfrannai clawr du ('slawer dydd!) y Beibl, a'i le anrhydeddus ar astell pulpud a mannau eraill, at barhad y gred mai'r Beibl yw Gair Duw. Mae credu yn rhyw awdurdod nad oes lle i gwestiynau yn ei gylch yn un o'r camau seicolegol hefyd ar lwybr tyfiant mewn ffydd. Rheswm arall dros barhad y gred mai'r Beibl yw Gair Duw yw'r holl bregethwyr sy'n derbyn safbwynt Gwilym Bowyer, ond sy'n dal i gyfeirio at y Beibl fel 'Y Gair'. Wedi darllen ohono ar goedd, er enghraifft, gofynnant i Dduw am fendithio'r darlleniad o'r 'Gair', fel pe bai'r geiriau 'Beibl' neu 'Ysgrythur' yn annigonol, neu fel pe bai gofyn am fendith ar 'y darlleniad' yn anweddus!

Ffordd arall o gyfystyru'r Beibl â Gair Duw, er na sylweddolwn fel arfer mai dyna yw, yw drwy ddyfynnu adnod i brofi pwynt (*citation*). Dyma fan arall lle y ceir amwysedd. Bydd llawer Cristion yn cynnig esboniad ar adnod sy'n groes i safbwynt o'i eiddo. Dyfynnwch Lythyr Paul at Timotheus o blaid yfed gwin, er enghraifft, ac fe esbonia llwyrymwrthodwr i chi fod dŵr yn amhur yn nyddiau Paul, a bod gwin – gwan, wrth gwrs – yn iachach felly na dŵr yn y cyfnod hwnnw. Ond os bydd adnod o blaid safbwynt arall o'i eiddo, siawns na wna'r un Cristion ei ddyfynnu fel awdurdod terfynol, heb iddo groesi ei feddwl y gellid rhoi esboniad arall i'r adnod honno hefyd efallai. Os nad yw'n credu, er enghraifft, bod achubiaeth yn bosibl drwy grefydd arall, yna codwch chi'r cwestiwn, ac fe setla'r mater drwy ddyfynnu Pedr yn y bedwaredd bennod o'r Actau, yn dweud am Iesu, 'nid oes iachawdwriaeth yn neb arall'.

Dywedid yn ddireidus am ffisegwyr, yn nechrau'r ganrif ddiwethaf, pan oedd ansicrwydd ynghylch natur goleuni, eu bod yn dysgu'r *wave theory* ddydd Llun, ddydd Mercher, a dydd Gwener, a'r *particle theory* ddydd Mawrth, ddydd Iau, a dydd Sadwrn. Gellid dweud peth tebyg am agwedd pregethwyr 'rhyddfrydol' y Gymru Gymraeg at y Beibl! Dywedir yn aml mai eglwysi lle mae'r pregethwr yn cyfystyru'r Beibl â Gair Duw yw'r unig eglwysi sy'n llwyddo y dyddiau hyn. Mae'r gwir yn fwy cymhleth na hynny, ond hyd yn oed pe bai hynny'n gywir, nid oes opsiwn arall credadwy'n bod yn y Gymru Gymraeg. Mae rhai pregethwyr yn credu drwy'r amser bod y Beibl yn Air Duw, a'r lleill yn credu hynny nawr ac yn y man! Mae angen heddiw i bregethwyr a wadai eu bod yn llythrenolwyr fod yn gyson yn hynny, gan wynebu goblygiadau hynny, er mwyn gallu helpu ein heglwysi i symud ymlaen.

Un peth y mae bron pob Cristion Cymraeg yn cytuno yn ei gylch, mae'n siŵr, y llythrenolwr a'r rhyddfrydwr, yw y dylid rhoi blaenoriaeth i'r Beibl dros bob awdurdod arall ym mywyd yr Eglwys. Ond y mae i'r gred hon hefyd, i ddechrau, hanes na welaf fi fod llawer yn gyfarwydd ag ef, felly dyma fraslun ohono.

Pan gymerwyd Iddewon yn gaeth o Jwdea i Fabilon gan frenin Babilon, Nebuchadnesar, yn y chweched ganrif cyn Crist, bu rhaid iddynt adael ar ôl yn Jwdea, y Deml, offeiriaid, defodau, seremonïau, gwyliau, Jerwsalem, a'u tir – pob elfen yn eu crefydd ond eu Hysgrythurau. Cyn y Gaethglud, yn Jwdea, un elfen yn unig yng nghyfanrwydd eu bywyd crefyddol oedd eu Hysgrythurau, ond ym Mabilon, yr Ysgrythurau oedd eu hunig symbol o'u hunaniaeth fel pobl i Dduw. Yn anochel felly, ym Mabilon cafodd eu Hysgrythurau sylw unigryw ganddynt nas cawsant erioed o'r blaen. Dyna pryd y datblygodd yr 'ysgrifenyddion' – i dynnu allan o'r Ysgrythurau gyfarwyddyd ynghylch bod yn bobl i Dduw mewn sefyllfa newydd, a dyna pryd y sefydlwyd y synagog – yn fangre i gyfarfod ynddo i dderbyn cyfarwyddyd yr ysgrifenyddion.

Wedi i lawer o Iddewon y gaethglud ddychwelyd o Fabilon i Jwdea, gallent (dylent?) fod wedi ailystyried y safle unigryw newydd a roesant i'r Ysgrythurau yn amgylchfyd dieithr Babilon. Ond ni wnaethant, a pharhaodd blaenoriaeth yr Ysgrythurau iddynt (a pharhaodd yr ysgrifenyddion a'r synagog), hyd at ddydd Iesu. Ymhen amser derbyniodd yr Eglwys Fore yr Ysgrythurau Iddewig, ond er i'r Cristnogion roi iddynt ystyr gwahanol i'r un a roesai'r Iddewon iddynt, daliwyd i roi iddynt yr un flaenoriaeth. Ychwanegodd yr Eglwys gynnar Ysgrythurau Cristnogol atynt, na pherthynent i'r un *genre* â'r rhai Iddewig, ond rhoddwyd i'r cyfanwaith nawr, sef ein Beibl ni (fwy na heb), yr un flaenoriaeth eto. Gorchuddiwyd y flaenoriaeth honno i raddau helaeth gan Eglwys yr Oesoedd Canol, ond gyda'r Diwygiad Protestannaidd fe'i hadferwyd, ac mae'n parhau'n allweddol yn ein Protestaniaeth gyfoes yn y Gorllewin.

Mewn gair, yn wahanol i'r canon Ysgrythurol Iddewig a ffurfiwyd gan rabbiniaid Jamnia tua 100 O.C., neu'r credoau ecwmenaidd a ffurfiwyd gan gynghorau eglwysig yng nghanrifoedd cynnar yr Eglwys – nid penderfyniad ystyriol gan yr un corff Iddewig na Christnogol yw'r gred ym mlaenoriaeth yr Ysgrythurau ym mywyd pobl Dduw. Rhoddwyd i'r Ysgrythurau eu blaenoriaeth, mewn sefyllfa gwbl arbennig yn y chweched ganrif Cyn Crist, ac nid ailystyriwyd mo hynny fyth wedyn.

Prin y bydd hynny'n menu'r holl Gristnogion sy'n teimlo bod digon o hanes i gyfiawnhau'r arfer o roi blaenoriaeth i'r Ysgrythurau bellach. Ond myn y diwinydd Americanaidd Edward Farley, o Brifysgol Vanderbilt yn Nashville, fod rhoi blaenoriaeth i'r Beibl dros bob awdurdod arall ym mywyd yr Eglwys, yn y bôn yn golygu rhoi iddo yr un **math** ar awdurdod ag anffaeledigrwydd (a siarad yn athronyddol, awdurdod 'ontolegol'). At hynny, mae rhoi'r fath flaenoriaeth i'r Beibl, yn ôl Farley, yn ei wneud yn awdurdod **dros** yr Eglwys, a thrwy hynny'n ei wneud yn bwysicach realiti iddi na'r hyn a eilw ef yn eglwysyddiaeth (*ecclesiality*), sef yr hanfod sy'n gwneud eglwys yn eglwys ym mhob ffurf arni ymhob man ym mhob cyfnod. Iddo ef, mae gan yr Eglwys lawer o adnoddau i'w helpu i ymgyrraedd at yr hanfod hwnnw, ac un o'r rheiny yw'r Beibl. (Mae Colin Gunton yn nodi'r ffaith fod yr Eglwys Uniongred yn y Dwyrain yn gwreiddio dogma mewn cwmpas eang o awdurdodau: yr

Eglwys, yr Ysgrythur, traddodiad, y saith cyngor ecwmenaidd, ac addoli.) Yn ôl Farley, pe derbyniai Cristnogion fod yr hyn a eilw ef yn *House of Authority*, ym **mhob** ffurf arno, wedi syrthio, gallem sôn, meddai, am Drydydd Byd Cred.

Ysgolhaig Americanaidd y mae ei ddylanwad yn fawr ar bregethwyr (hyd yn oed yng Nghymru), yw Walter Brueggemann, Athro Hen Destament yng Ngholeg Diwinyddol Columbia, Decatur, yn Georgia. Un esboniad ar ei ddylanwad ar bregethwyr yw nad i'r byd academaidd y mae'n ysgrifennu'n bennaf, ond i'r Eglwys a'i phregethwyr. (Mae hefyd yn fab i bregethwr, mae ei wraig yn pregethu, ac mae'n bregethwr mor eithriadol ei hun fel ei fod bellach yn cael ei wahodd i draddodi darlithiau ar bregethu yn ogystal â'i briod faes – fe'i gwahoddwyd ef rai blynyddoedd yn ôl i draddodi'r Darlithiau Lyman Beecher ar Bregethu ym Mhrifysgol Iâl.)

Yn ei Ragair i un o lyfrau Brueggemann, dywed yr Athro Patrick Miller, Athro Hen Destament yng Ngholeg Diwinyddol Princeton, fod Brueggemann (fel Farley) yn ymatal rhag rhoi i'r Beibl hawliau penodedig hanfodol ('ontolegol' yw'r gair athronyddol eto). Nid yw'n gwadu hynny chwaith, medd Miller, ond nid hynny y mae'n dymuno ei ddweud am y Beibl. Yr hyn a ddywed Brueggemann ei hun yw na ellir ateb yn foddhaol y cwestiwn o awdurdod y Beibl oherwydd natur y Beibl, oherwydd ei fod bob amser yn gyfrol 'ddieithr a newydd' meddai – gan ddefnyddio ymadrodd Karl Barth am y Beibl. Cred Brueggemann yw fod y Beibl bob amser yn fwy na'n categorïau ni o'i ddeall ac o'i esbonio, o'i ddehongli ac o'i feistroli. Oherwydd mai gair byw y Duw byw yw, ni fydd byth yn ildio i **unrhyw** gyfrif y ceisiwn ni ei wneud ohono, a phan geisiwn ni oresgyn ei ddieithrwch a'i newydd-deb cynhenid, byddwn nid yn unig yn peryglu'r rheiny, ond byddwn yn rhoi ein hunain ar dir bygythiol eilunaddoliaeth. Gall unrhyw ymdrech i bwyso a mesur y Beibl, hyd yn oed i'w roi yn nhrefn blaenoriaethau adnoddau yr Eglwys, ein harwain ni i'w ddefnyddio mewn ffyrdd sy'n gwbl anaddas i'w natur '*non-coercive*' o weithio, ac i'w '*artistry*', geiriau a ddefnyddia Brueggemann yn aml am y Beibl.

Awgryma Brueggemann, wrth drafod ein hamrywiol farnau

ynghylch awdurdod y Beibl, mai gwell i ni na hyrddio sloganau at ein gilydd fyddai ystyried y ffyrdd personol iawn y cawsom ein harwain bob un i'r agwedd sydd gennym at y Beibl. Oherwydd yn rhannol, meddai, dylanwad teulu a chymdogion a ffrindiau, a'n datblygiad personol (neu'n diffyg datblygiad personol) dros amser mewn ffydd sydd wedi tynghedu'n hagwedd at y Beibl. I ddeall gwahaniaethau rhyngom yn ein hagweddau at y Beibl, nid eisiau trafod ffurfiol ac ymenyddol sydd, ond sylw bugeiliol i'n gilydd dros amser *'in good faith'*. Nid dadleuon gwybodus a deallus, neu ddatganiadau clasurol ynghylch ei awdurdod, sy'n ein gwahanu yn ein hagwedd at y Beibl, meddai, ond profiadau o dan y rheiny, wedi eu gwreiddio mewn elfennau grymus ynom sy'n byw yn is na beirniadaeth, ac mae Brueggemann wedi olrhain rhai o'r elfennau hynny yn ei agwedd ef ei hun at y Beibl.

Un o'r elfennau hynny yr wyf wedi ei holrhain yn fy agwedd i at y Beibl yw na chredaf y gall y Beibl gael awdurdod sydd yn wahanol – sy'n gryfach, neu sy'n uwch – nag awdurdod Iesu. Nid yr awdurdod a dadogwyd ar Iesu gan Gristnogion wedi ei farw, ond yr awdurdod a feddai ef ei hun gerbron pobl a'i gwrandawai. Yn y bennod gyntaf yn Efengyl Marc, er enghraifft, darllenwn am Iesu, ar ddechrau ei fywyd cyhoeddus, yn siarad yn y synagog yng Nghapernaum, a phawb yno'n synnu oherwydd ei fod yn dysgu fel un ag awdurdod ganddo. Beth barodd i'w wrandawyr feddwl amdano y diwrnod hwnnw fel un ag awdurdod ganddo? I ddechrau, ni ddysgai, medd Marc, fel yr ysgrifenyddion. Eu harfer hwy, medd ysgolheigion, oedd dyfynnu eraill, "Dywedodd Rabbi hwn a hwn...". Ond dangosai Iesu ofal dros ei wrandawyr drwy hir ymbaratoi yn feddyliol ac ysbrydol, cyn mynegi yr hyn a gynigiai iddynt. Yr oedd wedi pwyso a mesur yr hyn yr oedd ef a hwythau wedi ei etifeddu yn nhraddodiad eu ffydd, yr oedd wedi meddwl am hynny a'i gymhwyso at eu bywydau nhw, ac yr oedd wedi gwneud y gwirionedd a ddaethai allan o hynny nid yn unig yn eiddo iddo'i hun, ond yn rhan ohono'i hun, fel nad oedd yn bosibl gwahanu'r hyn a ddywedai oddi wrth ei berson.

Nid dysgu'n nawddogol neu'n imperialaidd a wnaeth chwaith, mae'n rhaid. Llefarai weithiau drwy ddameg, a diwedd dameg yn aml – fel un y Samariad trugarog – oedd gwahoddiad i'w wrandawyr i ffurfio'u barn eu hunain. Prin y byddai'r math hwnnw ar barch i'w wrandawyr yn absennol o'i ddysgu yng Nghapernaum. Yr oedd hefyd yn rhydd i siarad am yr hyn yr honnai siarad amdano. Pan ddywedwyd wrth Mandy Rice Davies yn achos enwog John Profumo 'slawer dydd, bod dyn adnabyddus wedi gwadu rhywbeth a ddywedodd hi, ei hateb cofiadwy hi oedd, "Dyna a ddywedai hwnnw, onide." Nid oedd unrhyw fath o reidrwydd ar Iesu i ddweud yr hyn a ddywedai ef, nid oedd ganddo ef agenda gudd – hynny yw, gallai siarad ag integriti.

Onid ffactorau o'r math yna a ddaeth ynghyd i greu'r awdurdod a brofodd cynulleidfa Iesu wrth wrando arno y waith gyntaf honno yn y synagog yng Nghapernaum? Onid dyfnhau y math hwnnw ar awdurdod a wnaeth wrth ddatblygu ei weinidogaeth mewn gair ac mewn gweithred? O'u rhoi at ei gilydd, yr hyn a gawn ni, mi dybiaf, yw agweddau ar un o'r pethau anoddaf i'w ddiffinio – daioni. Pan feddyliaf fi am bobl y mae eu geiriau wedi cario awdurdod i mi'n bersonol, pobl fel Abraham Lincoln, Hanan Ashrawi o Balestina, y Parchedig Henry Hughes, Penclawdd, Waldo, a 'nhad, nid oes yr un gair y teimlaf y gallaf gasglu eu hawdurdod ynghyd y tu mewn iddo ond y gair daioni.

Gwel rhai fawredd Iesu yn bennaf mewn elfennau goruwchnaturiol yn gysylltiedig ag ef. Ond yn un o'i lyfrau, sylwa Diogenes Allen, Athro Athroniaeth Coleg Diwinyddol Princeton, ar y ffaith i rai Phariseaid, pan iachaodd Iesu ddyn dall a mud, ddweud iddo wneud hynny yn enw Beelsebub. Hynny yw, nid oedd yr elfen oruwchnaturiol ohono'i hun yn profi bod Iesu yn gweithredu yn enw Duw. Awgryma Allen mai'r cwestiwn oedd, ai dyn drwg ai dyn da a wnaeth y wyrth, mai'r maen prawf yn y diwedd oedd daioni Iesu. Yn ei ddysg a'i fywyd a'i farw a'i atgyfodi, ymestynnodd a dyfnhaodd Iesu rym y daioni a welwyd ac a glywyd yng Nghapernaum, hyd nes i rai adnabod Duw yn anferthedd a glendid llachar y daioni pur hwnnw.

Ei ddaioni yw awdurdod y Beibl yntau hefyd. Hoffaf yr hen ymadrodd Saesneg amdano – 'the Good Book'. Mae gan

Brueggemann ei eiriau arbennig ei hun i ddweud am 'ddaioni' y Beibl. Sonia am y Beibl yn *'helping us keep the story straight'*, a sonia am y Beibl fel *'a scripting of reality not in totalitarian ways, but in ways that seed an alternative imagination'*. Sonia hefyd am *'finding the text to be an adequate place from which to muster an alternative existence in the world, a counterexistence radically exemplified in Jesus of Nazareth.'* Pan ddigwydd hynny, meddai, *'the text may turn out to be the only sanity in town'*.

I Dduw y byddo'r gogoniant. Haleliwia.

10. Crefydd a Gwyddoniaeth

Y mae Cristnogion, fel pawb arall, yn byw mewn diwylliant penodol, ac mae i bob diwylliant ei awyrgylch ymenyddol. Derbyniwn ni Gristnogion lawer o feddyliau a syniadau ein diwylliant yn hapus, ond weithiau bydd rhai ohonynt yn sylfaenol groes i feddyliau a syniadau ein ffydd ni.

Nid yw gwrthdaro ymenyddol o'r math hwnnw'n poeni rhai Cristnogion. Efallai mai mater emosiynol, neu ymarferol, neu ideolegol yw ffydd iddynt yn bennaf, ac oherwydd hynny nid yw tyndra meddyliol rhwng eu ffydd a'u diwylliant yn gwestiwn dirdynnol iddynt fyth. Ni theimlant wasgfa fawr i gysoni tyndra o'r fath felly, ac ni chollant ddim cwsg yn ei gylch – hyd yn oed os enillant eu bara a chaws yn y byd ymenyddol! Un peth yw byd ffydd iddynt, peth arall yw'r gymdeithas o'u cwmpas, a gallant gadw'r ddeufyd ar wahân.

Ond rhaid i rai ohonom geisio gwneud synnwyr ymenyddol o'n bywyd cyfan, rhaid i ni edrych am gysondeb rhwng yr hyn a gredwn mewn un rhan o fywyd a'r hyn a gredwn mewn rhan arall o fywyd. Os yw'n deall ni o'n ffydd yn gwbl groes i feddyliau a syniadau llywodraethol y gymdeithas o'n hamgylch, mae bywyd yn straen seicolegol ac ysbrydol i ni. Felly y'n gwnaed.

Straen sylweddol a bwysodd arnaf fi am flynyddoedd oedd y tyndra rhwng y meddwl Cristnogol a'r meddwl gwyddonol, rhwng byd ffydd a byd bob dydd y dylanwadwyd arno gymaint gan feddyliau a syniadau gwyddoniaeth.

Dechreuodd y tyndra'n gynnar. Fe'm maged yn blentyn ar fron

capel ac Ysgol Sul, a chael fy nhrwytho mewn llyfr a soniai am greu fel gweithred orffenedig, ac a soniai am Dduw a ymyrrai yn fympwyol a gwyrthiol yn ei fyd. Ni chlywais ddim yn yr ysgol gynradd i darfu ar yr hyn a ddysgwn yn y capel a'r Ysgol Sul, ond yr oedd chwyldro meddyliol yn fy nisgwyl yn yr ysgol uwchradd. O'r diwrnod y cerddais drwy ddrysau Ysgol Sirol Llanelli, yr oedd ffordd newydd o edrych ar bethau yn agor o'm blaen i. Yr oedd yn yr awyr o'm cwmpas i yno, yn hydreiddio fy meddwl heb i neb ddweud gair, a'r ffordd honno oedd ffordd gwyddoniaeth. Nid yn unig yr oedd y ffordd newydd hon o edrych ar bethau yn wahanol i'r mythau a'r chwedlau a'r hanesion a'r straeon a'r damhegion a'r gwyrthiau y'm maged i arnynt yn y capel, ond ymddangosai ei bod yn rhagori'n rhwydd ac o ddigon ar y ffyrdd hynny o edrych ar bethau, mewn eglurder a sicrwydd, ond yn anad dim, mewn gwrthrychedd.

Daliwn ati i fynychu'r capel a'r Ysgol Sul. Disgwyliai fy rhieni i mi fynd, yr oedd gennyf gyfoedion da yno, cawn sylw yno, ac yr oedd cyfle yno i drafod. Siawns hefyd na wyddwn yn fy nghalon nad gwyddoniaeth oedd y gwir i gyd, oherwydd drwy lyfrau a gefais yn y capel, yn anrheg Nadolig, neu'n wobr am gasglu i'r genhadaeth, a thrwy anerchiadau i blant ar fore Sul ac yn y Gobeithlu, dysgais am arwyr na soniwn amdanynt ar boen bywyd ar iard yr ysgol ddyddiol. Am arwyr byd chwaraeon a byd anturiaethau y soniwn yno, am Willie Davies a Haydn Tanner, am Malcolm Campbell a Scott o'r Antarctig. Ond drwy'r capel clywais am arwyr mawr Cristnogol megis Livingstone a Schweitzer a Kagawa, arwyr i'w hanrhydeddu yn y dirgel. (Nid oes dim sy'n fy mhoeni'n fwy am ieuenctid heddiw, yn arbennig ieuenctid digapel, na'r cwestiwn, pwy sy'n gofalu bod ganddynt arwyr dirgel!) Yn nyfnder fy isymwybod, byd ffydd oedd piau fy mryd yn y diwedd, ond yn erbyn ffydd ac o blaid gwyddoniaeth y dadleuwn yn afieithus yn yr Ysgol Sul.

Nid yn unig ar awyrgylch meddyliol Ysgol Sirol Llanelli yr effeithiodd y meddwl gwyddonol. Effeithiodd hefyd ar feddwl y diwylliant gorllewinol yn gyffredinol, ac ar y meddwl crefyddol yn arbennig. Yr oedd gwyddoniaeth yn graddol esbonio pob peth, ac yn y broses yn diraddio Duw i fod yn ddim namyn esboniad ar yr hyn nad oedd gwyddoniaeth wedi ei esbonio – hyd yn hyn; 'Duw y bylchau' oedd disgrifiad y Ffrancwr Laplace ohono. Cynigiwyd i bawb a ddaliai i gredu yn Nuw, ddarlun ohono fel gwneuthurwr cloc nad oedd galw arno i'w esbonio na gwneud dim yn ei gylch wedi iddo ei lunio a'i weindio.

Er i effaith y meddwl gwyddonol fod ar waith ers amser cyn hynny, gwelwyd penllanw ei ddylanwad ar feddwl y Gorllewin yn nechrau'r ganrif ddiwethaf. Dyna pryd y daeth cwmni dylanwadol o athronwyr yn Vienna, y Positifiaid Rhesymegol, i gredu mai unig agenda athroniaeth bellach oedd esbonio arwyddocâd darganfyddiadau gwyddonol. Effeithiodd Schlick a Carnap a Weissman ar fy myd bach meddyliol i ymhell cyn i mi glywed eu henwau.

Nid yw gwyddoniaeth erbyn hyn yn gorlywodraethu ar ein gwareiddiad Gorllewinol. Fel y bu rhaid i glerigwyr Ewrop yn y ddeunawfed ganrif fod yn fwy gwylaidd yn sgîl awyrgylch meddyliol newydd yr Oes Olau, felly hefyd bu rhaid i wyddonwyr yr ugeinfed ganrif fod yn fwy gwylaidd yn wyneb rhai newidiadau meddyliol y dof atynt yn nes ymlaen. Ond effeithiwyd ar safle gwyddoniaeth yn y Gorllewin gan resymau ymarferol yn ogystal â rhai meddyliol. Collodd gwyddoniaeth lawer o'i statws ffasiynol yn y gymdeithas. Dro'n ôl, lle bu mwyafrif mawr myfyrwyr cyn hynny'n eiddgar i astudio gwyddoniaeth, daeth prinder myfyrwyr gwyddonol – pawb eisiau astudio'r gwyddorau cymdeithasol erbyn hynny. Arswydodd mwy a mwy o wyddonwyr hefyd rhag canlyniadau rhai o'u darganfyddiadau, a sylweddolent fod y canlyniadau hynny'n codi problemau nad oedd yng ngallu gwyddonwyr fel gwyddonwyr eu datrys.

Rhwng popeth felly, nid yw crefyddwyr cyffredin yn dadlau fawr mwyach – fel y gwnaent pan oeddwn i'n ifanc – ynghylch perthynas ffydd a gwyddoniaeth. Cofiaf arwain dosbarth Beiblaidd un noson, ar yr hanes yn efengyl Mathew ynghylch Iesu'n cerdded ar y môr. Parhaodd y dosbarth am awr a hanner hynod o fuddiol, ond lle y byddem flynyddoedd cyn hynny wedi canolbwyntio'n llwyr efallai ar Iesu'n 'rhodio'r don', y tro hwn, wedi i'r sesiwn ddod i ben, bu rhaid i un o'r dosbarth dynnu'n sylw at y ffaith nad oeddem wedi sôn am hynny o gwbl!

Ond nid oedd y newidiadau cymdeithasol hyn yn datrys fy mhroblemau meddyliol i. Bu rhaid i mi ddal i fyw â'm problemau meddyliol tan i mi gael ymwared ymenyddol, ac yn hwyr yn fy mhererindod bersonol y cefais i'r ymwared hwnnw. Pan fydd baich yn cael ei godi oddi ar ein hysgwyddau y sylweddolwn faint y bu'n pwyso arnom, a phan roddais i'r baich arbennig hwn i lawr, sylweddolais gymaint yr oedd nid yn unig wedi gwasgu ar fy meddwl, ond wedi cywasgu fy agwedd at fy ffydd.

Dechrau fy ymwared oedd darllen llyfr gan Michael Polanyi, Iddew a gafodd yrfa anghyffredin. Dechreuodd yn feddyg yn Bwdapest, daeth yn gemegydd yno ac yn Berlin, apwyntiwyd ef wedyn yn Athro Cemeg ym Mhrifysgol Manceinion, yna yn Athro Cymdeithaseg yno, a gorffennodd ei yrfa'n Gymrawd Ymchwil yng Ngholeg Merton, yn Rhydychen. Ysgrifennodd lawer, ond ei *magnum opus* oedd ei lyfr *'Personal Knowledge'* (1958). Yn hwnnw dangosodd fod gwyddoniaeth yn wahanol i'r hyn a dybiwyd tan hynny. Byrdwn y llyfr yw nad oes y fath beth â gwybodaeth wyddonol sy'n gwbl wrthrychol. Nid oes dim gwybodaeth nad yw'n dwyn o leiaf arlliw o'r meddwl dynol. Wedi olrhain yr elfennau personol mewn cylch ar ôl cylch o wyddoniaeth, daeth y llyfr i ben drwy ddangos bod stamp y meddwl dynol hyd yn oed ar wybodaeth ynghylch rhywbeth mor ddifywyd â grisialau. Yr oedd hyn yn gwbl groes i'r neges a dderbyniais i'n ifanc am wrthrychedd pur gwybodaeth wyddonol.

Cam nesaf fy ymwared oedd dod ar draws *'The Structure of Scientific Revolution'* (1962) gan Thomas Kuhn, Athro Hanes Gwyddoniaeth ym Mhrifysgol Princeton yn yr Unol Daleithiau, dyn a oedd yn ddyledus i ryw raddau i Polanyi. Ond lle yr oedd Polanyi wedi dangos bod gwybodaeth wyddonol yn wahanol i'r hyn a dybiwyd cyn hynny, yr hyn a ddangosodd Kuhn oedd bod y proses gwyddonol o gasglu gwybodaeth yn wahanol i'r hyn a dybiwyd cyn hynny.

Un o ddatblygiadau addysgol ail hanner y ganrif ddiwethaf oedd i Hanes Gwyddoniaeth ac Athroniaeth Gwyddoniaeth ddod yn wyddorau mewn prifysgolion. Daeth y gwyddorau newydd hyn â chasgliadau newydd am wyddoniaeth i'r golwg, a datgelodd Kuhn un ohonynt. Dangosodd nad caseg eira'n tyfu'n raddol ac anochel, wrth i wyddonwyr aneirif, diduedd, ymgysegredig – offeiriaid y grefydd newydd – ychwanegu bob un ei bwt o wybodaeth at y swm sy'n bod eisoes, a hynny yn wyneb gwrthwynebiadau crefyddwyr cibddall a rhagfarnllyd, yw gwyddoniaeth. Tyfodd gwyddoniaeth, meddai, drwy gyfres o chwyldroadau. Manylodd ar natur y chwyldroadau hynny, a bathodd yr ymadrodd *paradigm shifts* i'w disgrifio. Ac er i lawer o grefyddwyr fod yn elyniaethus i wyddoniaeth, gwrthwynebwyr mwyaf ffyrnig a phwerus y *shifts* hyn yn aml oedd, medd Kuhn, nid crefyddwyr, ond gwyddonwyr eu hunain, â'u rhagfarnau gwyddonol, a'u buddsoddiadau proffesiynol yn rhai o'r rhagfarnau hynny.

Ond un peth oedd cael golwg wahanol ar natur gwybodaeth wyddonol, ac ar natur twf gwybodaeth wyddonol, peth arall oedd y berthynas rhwng gwyddoniaeth a ffydd. Bu meddyliwr arall yn gymwynaswr mawr i mi yn y maes hwn, sef Wittgenstein, yr athronydd. Pan ddaeth ef i'r maes yr oedd y Positifiaid Rhesymegol y cyfeiriais atynt uchod wedi creu ffon fesur, y *Principle of Verification*, i benderfynu ymlaen llaw a oedd unrhyw osodiad yn gwneud synnwyr, ac felly'n werth ei drafod. Hanfod y *Principle* oedd, nad yw gosodiad yn gwneud synnwyr, ac felly'n werth ei drafod, os nad yw'r un sy'n ei wneud yn gallu dweud beth fyddai'n barod i'w dderbyn fel prawf nad yw'n wir. Nid yw crefyddwyr, wrth gwrs, yn gallu gwneud hynny. Beth a allai Cristion ei dderbyn yn brawf nad yw Duw'n bod, neu nad cariad yw Duw? Yn ôl y ffon fesur hon felly, nid oedd gosodiadau crefyddol yn ddim namyn datganiadau an-synhwyrol (*non-sense*) nad oedd gwerth eu trafod.

Ond yr oedd athroniaeth ym Mhrydain yn cefnu ar athroniaeth draddodiadol. I ailadrodd rhai o'r pwyntiau a wneuthum yn fy ysgrif flaenorol ar Wittgenstein, credai Bertrand Russell mai aneglurder rhesymegol ac amwysedd geiriau oedd achos y mwyafrif o broblemau traddodiadol athroniaeth, ac y gellid cael gwared ar y mwyafrif o'r problemau hynny felly drwy ddatblygu rhesymeg yn fanylach, a diffinio geiriau'n ddiamwys – creu iaith newydd hyd yn oed efallai. Ond ymhen amser daeth Wittgenstein, disgybl Russell am gyfnod, i gredu na ellid creu iaith, mai rhywbeth organaidd oedd iaith, wedi tyfu dros amser hir ac wedi addasu ei hun mor glòs at fywyd fel na ellid mynd yn nes at realiti na thrwy iaith gyffredin.

Credai Wittgenstein hefyd fod cylchoedd o ieithoedd, megis iaith gwyddoniaeth, a iaith crefydd, a bod perthynas deuluol fel petai rhyngddynt. Ond credai nad oedd mewn unrhyw gylch iaith ffon fesur y gellid ei defnyddio i ddweud mai siarad disynnwyr oedd cylch iaith arall. Ni allai gwyddoniaeth felly ddweud mai siarad disynnwyr oedd siarad am grefydd, ac ni allai crefydd ddweud hynny am wyddoniaeth – na hyd yn oed am anghrediniaeth. Dim ond o'r tu mewn iddi y gellid dweud bod unrhyw gylch iaith yn dweud pethau diystyr. Pe dywedai Cristion fod Duw'n caru pawb yn y byd, ac yna mynd ymlaen i haeru y bydd yr un Duw hwnnw'n helpu ei wlad ef i fomio pobl gwlad arall yn ulw, mae'r cwestiwn yn codi, a yw un o'r gosodiadau hynny'n ddiystyr. Ond y peth pwysig i mi oedd na all gwyddoniaeth ddweud bod gosodiadau crefyddol yn ddiystyr, rhesymeg fewnol crefydd ei hun yn unig all ddweud hynny.

Rhoddodd Polanyi daw felly ar hawliau gwyddoniaeth i wrthrychedd pur, rhoddodd Kuhn daw ar hawliau gwyddonwyr i fethod a datblygiad di-fai, a rhoddodd Wittgenstein daw ar hawl gwyddoniaeth i ddedfrydu ynghylch gwerth siarad am grefydd. Un cwestiwn oedd ar ôl i mi, sef sut i ddiffinio crefydd o'i gwrthgyferbynnu â gwyddoniaeth (ac â rhai mathau ar athroniaeth).

Drwy *'Mystery and Philosophy'*, llyfr Michael Foster, athronydd o Rydychen, deuthum ar draws rhai o feddyliau'r Ffrancwr, Gabriel Marcel. Yn ôl Marcel, credai trwch meddylwyr y Gorllewin nad oedd ond dau fath ar gwestiwn o bwys mawr. Un ohonynt oedd posau. Pos yw cwestiwn y mae gennym yr wybodaeth sydd ei heisiau arnom i'w ateb, yr her yw rhoi'r darnau at ei gilydd yn iawn, a gwaith athronwyr yw ceisio gwneud hynny. Enghraifft o bos fyddai'r berthynas rhwng y corff a'r meddwl. Y math arall ar gwestiwn y credai meddylwyr y Gorllewin na ddeallem, oedd problemau. Problem yw cwestiwn nad oes gennym ddigon o wybodaeth yn ei gylch i'w ateb eto. Yr her yw casglu mwy o wybodaeth yn ei gylch, a gwaith gwyddonwyr yw casglu'r math hwnnw o wybodaeth. Mae cancr yn enghraifft o broblem. Ond y peth pwysig oedd fod y gred yn gryf ymhlith meddylwyr y Gorllewin nad oedd dim na ddeallem heblaw posau a phroblemau, ac y gellid datrys pob pos a phroblem mewn egwyddor, hyd yn oed os na eid ati fyth i'w datrys i gyd.

Eithr yn ôl Gabriel Marcel, mae rhai pethau heblaw posau a phroblemau nad ydym yn eu deall, sef dirgelion – a phrin y cawsai wrandawiad wrth ddefnyddio gair mor elyniaethus i ysbryd moderniaeth (nid oedd ôl-foderniaeth wedi cyrraedd eto), oni bai iddo feddu cymwysterau academaidd diogel! Y gwahaniaeth rhwng posau a phroblemau, a dirgelion, meddai Marcel, yw po fwyaf y deallwn neu y dysgwn am bos neu broblem, mynd yn llai o bos neu o broblem y bydd, hyd nes iddo gael ei ddatrys, a pheidio â bod yn bos neu'n broblem mwyach. Ond hanfod dirgelwch, meddai, yw po fwyaf y gwyddom amdano, nid mynd yn llai o ddirgelwch a wna ond mynd yn fwy o ddirgelwch. Dirgelwch yw cariad. Ni fydd neb yn medru dweud, "Rwy'n deall cariad nawr, 'does gen i ddim i'w ddysgu yn ei gylch mwyach, gallaf symud ymlaen felly i geisio ateb i ryw fater arall." Dirgelwch hefyd yw bodolaeth, bodolaeth y cread, fy modolaeth i, bodolaeth gronyn o dywod. Nid oes 'ateb' i ddirgelwch, nid yw dirgelwch felly fyth yn peidio â bod yn ddirgelwch. (Hyfrydwch, ar ôl sôn am y syniad o ddirgelwch mewn pregeth un Sul, oedd clywed rhai a fu yn y gynulleidfa y Sul hwnnw'n dweud yn ddiweddarach am rywbeth, mai dirgelwch oedd – heb ddim cof ganddynt, i bob golwg, o ble y cawsent y syniad. Aethai'r syniad yn eiddo personol iddynt. Yr oedd gwacter ynddynt hwy, fel ynof finnau, wedi disgwyl am yr union syniad hwnnw mae'n rhaid.)

Mae cwestiynau newydd mawr a phwysig ynghylch perthynas crefydd a gwyddoniaeth yn dal i godi yn ein diwylliant, wrth gwrs, ac mae meddylwyr eraill heblaw'r rhai y soniais amdanynt uchod wrthi heddiw'n ymgodymu â nhw. Felly y bydd hi i'r dyfodol pell, yn ôl pob golwg nawr. Mae'r ddau faes, a'u perthynas, yn rhy astrus a phwysig i hynny beidio â bod yn wir. Ond gyda chyfraniad Marcel, daeth fy mhererindod feddyliol bersonol i ar hyd y llwybr arbennig hwn i ben. Adroddaf amdani yma'n awr gan feddwl y gall darllen am wedd ar bererindod feddyliol rhywun arall fod o ddiddordeb i eraill. I rai a fu hefyd ar goll ym mwrllwch rhyw ddyfnderoedd tebyg, ond a ddaeth i olau dydd, gall fod o ddiddordeb i weld sut y daeth pererin arall drwy'r cysgodion. Nid yw'n amhosibl chwaith y gall darllen yr hanes fod o fudd i rywun sydd wedi ei dynghedu i gerdded yr un llwybr yn union, ond nad yw eto wedi cyrraedd diwedd y daith.

11. Hoywon

Cyfieithiad yw'r gair hoywon o'r Saesneg *gays*, gair dynion cyfunrywiol i ddisgrifio'u hunain heddiw. Gwrywgydwyr yw'r gair amdanynt yn y Beibl Cymraeg Newydd, ac yng Ngeiriadur Saesneg-Cymraeg yr Academi Gymreig. Mae defnyddio 'hoyw' a *'gay'* amdanynt yn golygu colli'r defnydd arferol o'r ddau air hynny, ac mae rhai'n anniddig ynghylch y golled. Ond gan y byddwn i'n anfodlon cael fy ngalw'n fenywgydiwr, a'm bod i'n meddwl y dylem fel arfer ildio i bobl yr hawl i ddisgrifio'u hunain, credaf y dylwn dderbyn y ddau air. Mae menywod sy'n hoyw hefyd, ond am ddynion hoyw y soniaf yn bennaf yma, gan mai y nhw yw'r 'broblem' fwyaf i lawer.

Cafodd hoywon eu parchu mewn rhai cymdeithasau, ymysg rhai o lwythau'r Indiaid Cochion er enghraifft, ond pan oeddwn i'n ifanc, dynion yn ymhél â bechgyn, neu ddynion yn cwrdd â'i gilydd mewn toiledau cyhoeddus, neu ddynion enwog, beiddgar fel Oscar Wilde oedd hoywon i bawb bron yn ein cymdeithas ni, a dewis oedd hoywder, un anghyfreithlon ac anfoesol.

Bellach bu newid mawr. Tan yn gymharol ddiweddar, yn swyddogol ystyriai byd a betws mai prif amcan perthynas rywiol oedd cynhyrchu plant, a defnyddid y ddadl honno yn erbyn perthynas rywiol rhwng dynion. Ond gyda safle newydd i'r fenyw mewn cymdeithas, a dadfythu byd rhyw, a'r datblygu ar offer gwrthgenhedlu, daethpwyd i ystyried cyfathrach rywiol yn bleser dilys ynddo'i hun, a thanseiliodd hynny'r ddadl draddodiadol yn erbyn perthynas rywiol rhwng hoywon.

Er bod yna rai'n credu'n wahanol o hyd, mae llaweroedd, os

nad y mwyafrif mawr, yn derbyn bellach mai tuedd sefydlog yn natur rhai pobl yw hoywder, na all hoywon wneud dim i newid eu natur, ac mae cyrff cymdeithasol a meddygol a seiciatryddol aneirif yn ategu hynny. Uwchlaw popeth, nid yw'r gyfraith heddiw'n erlid hoywon.

Ers tro nawr felly, ciliodd llawer o hoywon oddi wrth unigedd eu bywyd mewn pentrefi a threfi bychain i drefi mawr a dinasoedd. Yno gallant fwynhau cymdeithas â'u tebyg, a gallant dynnu nerth oddi wrth ei gilydd i 'ddod allan' yn gymdeithasol, i ddwyn gwasgfa ar hoywon eraill i 'ddod allan', a chael eu cymdeithas i'w deall a'u derbyn.

Dysgwyd mwy am hoywon. Dysgwyd bod yna hoywon gwrywaidd eu golwg a'u ffordd, megis actorion a chwaraeodd rannau gwrywaidd iawn erioed mewn ffilmiau – Rock Hudson yn un – a chwalodd hynny'r gred fod elfen ferchetaidd yn rhan annatod o natur pawb sy'n hoyw. Dangosodd hoywon mor ddyledus y bu'n diwylliant ni i hoywon creadigol, o da Vinci hyd at Tchaikovsky. Cafwyd gwell syniad hefyd faint o hoywon sydd. Awgryma rhai ystadegau fod yna raddfa ymhlith gwrywod, yn ymestyn o fod yn gwbl arallrywiol ar un pen hyd at fod yn gwbl hoyw y pen arall. Golyga hynny y gall rhyw radd o hoywder fod yn rhan o rywioldeb llawer iawn o ddynion. Hynny sy'n esbonio efallai pam mae rhai gwrywod yn cael cyfnod o arbrofi hoyw – pan yn ifanc o bosibl (fel yn achos Michael Portillo y gwleidydd, yn ôl ei addefiad ef), yna'n byw gweddill eu bywyd yn wahanrywiol, a pham mae gwrywod eraill yn priodi a chael plant, ac yna'n byw'n hoyw. Ond er bod y ffigurau'n swnio braidd yn uchel i mi, yn ôl rhai ystadegau mae tua un gwryw o bob deg yn gwbl hoyw, ac yn ôl amcangyfrif John Davies, yr hanesydd, awdur 'Hanes Cymru', mae tua hanner can mil o hoywon yn Gymry Cymraeg.

Erbyn hyn gall hoywon addef eu rhywioldeb ar goedd ac eto gyrraedd safleodd o bwys. Canodd Elton John yn Abaty Westminster yn angladd y Dywysoges Diana, mae Chris Smith ac Alan Hunter yn wleidyddion amlwg yn eu pleidiau, ac mae hoywon cydnabyddedig wedi cael eu hanrhydeddu â'r teitl 'Syr'.

Er hynny, nid yw pawb yn oddefgar o hoywon eto, a

dioddefant o hyd, mewn amryfal ffyrdd. Gallant gael eu gwrthod gan eu teuluoedd, neu golli gwaith, neu fethu â chael dyrchafiad, neu fethu â rhentu fflat, am eu bod yn hoyw – heb i'r pethau hynny ddigwydd yn agored. Gwn am gyfreithiwr da a 'ddaeth allan', ac na chafodd ddim gwaith cyfreithiol wedyn. (Gan iddo ragweld hynny, prin mai dewis oedd bod yn hoyw iddo ef.) Dosbarth bregus iawn o hoywon yw'r ifainc sy'n dechrau gweld eu bod yn wahanol yn rhywiol i fechgyn eraill. Heb na model da o berson hoyw yn eu bywyd yn ôl pob tebyg, na neb y teimlant y gallant droi ato neu ati i siarad am y peth, rhaid iddynt fyw mewn byd a all fod yn llawn cellwair di-baid a chreulon am 'ffags' a 'pwffs'. Dywed ystadegau ynghylch eu defnydd o alcohol a chyffuriau, a'u hunanladdiad, y stori am eu hunigrwydd torcalonnus.

Mae sawl peth yn cymhlethu'r cwestiwn. Un, medd Walter Wink, Athro Esboniadaeth Feiblaidd Coleg Diwinyddol Auburn yn Efrog Newydd, yw'r atgasedd cyffredinol y tuedda pobl ei deimlo tuag at bobl â thueddiadau rhywiol dieithr iddynt. Pa mor wahanol yw hyn i'r duedd 'slawer dydd i ymateb yn yr un modd i bobl lawchwith (o'r gair Lladin *sinistra* sy'n golygu 'chwith' y daw'r gair Saesneg *'sinister'*), neu ymateb llawer o bobl wynion hyd heddiw i gyfathrach rywiol rhwng du a gwyn, sydd gwestiwn.

Cymhlethdod arall yw natur batholegol casineb rhai gwrywod tuag at hoywon. Dywedodd myfyriwr o Harvard wrthyf un tro iddo, ar ôl dweud wrth gydfyfyrwyr iddo ei fod yn hoyw, gael ei guro mor filain ganddynt fel iddo golli hanner ei ystumog! Mae hunaniaeth rywiol rhai gwrywod yn fregus, un negyddol yw a gawsant yn eu bachgendod, sef mai bod yn fachgen yw peidio â bod fel merch. Mae merch yn crïo, ni ddylai bachgen, ac yn y blaen. Yn Uganda, gwelais filwyr mawr yn cerdded law yn llaw. Nid hoywon oeddent, meddid wrthyf, ond cyfeillion agos. Eithr yn ein cymdeithas ni, oherwydd cryfder y cysylltiad ym meddwl llawer rhwng hoywder a ffordd ferchetaidd o ymddwyn, mae cyffyrddiadau corfforol rhwng gwrywod yn fygythiad sylfaenol i wrywod *macho*, a nhw felly yw'r creulonaf eu hymateb i hoywder.

Hoywon eu hunain sy'n gyfrifol am beth o'r cymhlethdod. Rhydd rhai ohonynt yr argraff mai mwynhau arbrofi'n rhywiol y maent – a gall hynny eto fod yn wir mewn rhai achosion. Nid yw ymddygiad eithafol rhai hoywon chwaith, fel yn y 'Gay Parades' sy'n digwydd mewn dinasoedd ar draws y byd yn ddim help i rai pobl. (Yr orymdaith fwyaf a welais i oedd yn Sydney yn Awstralia.) Ond ymateb Bill Coffin, cyn-weinidog Eglwys Riverside yn Efrog Newydd, i hynny yw na ddylem synnu pan fo pobl a fu'n gorfod byw'n guddiedig mewn rhan bwysig o fywyd yn gorwneud eu hafiaith pan gânt ryddid i fod yn agored.

Annaturioldeb y weithred rywiol rhwng dynion yw'r cymhlethdod i lawer. Gellir dweud sawl peth ynghylch hynny. Yn gyntaf, yr holl bwynt yw nad yr hyn sy'n 'naturiol' i wŷr eraill sy'n naturiol i hoywon. Yn ail, yn yr oes rywiol-arbrofol hon nid yw'r weithred honno'n gyfyngedig i hoywon. Cynigiodd rhaglen deledu (S4C) gyfarwyddyd ynghylch y math hwn o gyfathrach rywiol dro'n ôl – i barau priod! Dyna un rheswm pam y rhoddodd y gyfraith y gorau i geisio deddfu ar weithgarwch rhywiol preifat rhwng unrhyw oedolion. Yn drydydd, fel gyda gŵr a gwraig, dim ond rhan o fywyd hoywon mewn perthynas sefydlog â'i gilydd yw eu rhywioldeb. Ar ei gorau y mae a fynno'r berthynas lawer mwy â chwmni a rhannu a gofal ac ati. Tuedd llawer o ethegwyr erbyn hyn, mewn materion rhywiol yn gyffredinol, yw pwysleisio perthynas yn fwy na gweithredoedd.

Mae hoywder yn creu rhwygiadau dwfn a phoenus ymhlith Cristnogion. Syrthiodd ffrind i mi, Howard Mills, Ysgrifennydd Eglwys Unedig Canada ar y pryd, yn farw un diwrnod wrth hollti coed y tu allan i'w gaban hamdden. 'Stress', meddai'r meddyg, a'r wasgfa fwyaf arno oedd bod y mater hwn yn rhwygo'r Eglwys yr oedd ef yn brif weinyddwr iddi. Bu apwyntio dyn hoyw nad yw'n ymarfer ei hoywder nawr, meddai, yn Esgob Cynorthwyol yn Reading, yn achos cryn gyffro yn Eglwys Loegr. Aeth yr Eglwys Anglicanaidd yn America yr holl ffordd fel petai, drwy ethol dyn hoyw sy'n cydfyw â chymar hoyw, yn esgob talaith New Hampshire. Dywedodd y diweddar John Boswell, Athro Hanes yn Iâl, yn ei lyfr 'The Marriage of Likeness', fod adeg yn hanes yr Eglwys pan fu ganddi wasanaeth priodas i hoywon. Byddai'n dda cael adolygiad ar y llyfr, o safbwynt hanesyddol, gan un o'n haneswyr eglwysig ni yng Nghymru.

Cymhlethdod arbennig i Gristnogion Cymraeg Anghydffurfiol yw fod trafod pynciau rhywiol mewn cyd-gyswllt crefyddol yn ddieithr iddynt. Dylai ein synnu bod pulpudau a llenyddiaeth Anghydffurfiaeth mor fud ar gwestiynau rhywiol sy'n gweiddi am atebion bugeiliol heddiw. Mae'r Eglwys Babyddol yn ymyrryd ym mywyd rhywiol ei haelodau. Mae hi'n eu gwahardd rhag defnyddio offer gwrthgenhedlu, a Duw a ŵyr faint o gyfarwyddyd a roddir yn y gyffesgell ynghylch mastyrbiad a godineb ac ati. Clywais offeiriad Pabyddol un tro yn pregethu ar y testun *Holy Orgasm*! Gwelais gyfeiriadau prin at hoywder mewn papurau Cymraeg Anghydffurfiol, o blaid ac yn erbyn, ac efallai mai'r esboniad ar hyd yn oed yr ychydig hwnnw yw ei fod yn bwnc sy'n ymddangos yn ddigon pell o fywyd ein heglwysi i ni allu sôn amdano'n ddiogel.

Mae'r pwnc hwn yn effeithio mor ddwfn ar fywydau rhai pobl, fel ei fod yn haeddu ymateb llai arwynebol, os nad llai slic, na'r ychydig sylw a roir iddo gan Gristnogion weithiau. Un ymateb felly yw condemnio hoywon yn gyffredinol drwy ddweud y dylid 'casáu'r pechod a charu'r pechadur'. Ymddengys i mi fod lle cryf i amau gonestrwydd meddyliol pobl sy'n defnyddio'r ymadrodd hwnnw, os ydynt yn huawdl iawn ar y cymal cyntaf, a'u mudandod ynghylch yr ail 'mal mudandod Eryri'! Ni ddylid sôn am garu'r 'pechadur' yn y cyswllt hwn (na'r un cyswllt arall), heb ddweud yn onest a manwl beth mae caru'r 'pechadur' yn ei olygu.

Ateb arwynebol arall yw taflu adnod neu adnodau at y pwnc heb ddelio â'r problemau a'r dadleuon sy'n codi ynghylch yr adnodau hynny. Ni wyddom i Iesu ddweud gair ynghylch hoywder, ond mewn papur enwadol Cymraeg dro'n ôl dyfynnodd un brawd adnod o Lefiticus yn erbyn hoywder (18,22), a mynnodd, gan fod Iesu wedi dweud nad âi un iod na thipyn o'r gyfraith heibio, mai teg casglu felly bod Iesu'n unfarn â Lefiticus yn erbyn hoywder. Ar wahân i'r ffaith fod y brawd wedi anghofio, mae'n rhaid, i Iesu hefyd ddweud, 'Clywsoch ddweud... eithr yr ydwyf fi yn dweud...', yn ôl ei resymeg ef, 'teg casglu' bod Iesu o blaid lladd hoywon (Lefiticus 20:13)!

Mae cwestiynau i'w trafod ynghylch yr holl adnodau a ddyfynnir i gondemnio hoywder. Hanes ynghylch diffyg croeso ac nid ynghylch hoywder, yw Genesis 19:5. Cred rhai hefyd mai siarad oedd Paul yn Rhuf 1:26,27, a I Cor 6:9,10, nid yn erbyn y duedd hoyw gynhenid y gwyddom ni amdani heddiw, ac na wyddai ef amdani, ond yn erbyn ethos an-Iddewig canolfan cymdeithasol dynion yn y diwylliant Groegaidd, y gymnasiwm, a'r arfer yno o ŵr hŷn yn cyplysu mewn perthynas nawddogol a rhywiol â dyn ifanc – cyn i hwnnw briodi. Hynny yw, dylai unrhyw un sy'n dyfynnu adnodau ar y mater hwn, os yw'n dymuno bod yn gredadwy, ymgydnabod â'r ysgrifennu helaeth a fu yn y maes ers tro, a thrafod y pwyntiau sydd wedi eu codi.

Ymatebais i'r erthygl mewn papur enwadol y soniais amdano uchod, nid o blaid hoywder, ond yn erbyn elfennau niweidiol yn yr erthygl. Yn dilyn, cefais lythyr Cymraeg hir, graenus, oddi wrth leygwr amlwg yn ei enwad, sy'n hoyw. Bydd rhywun sy'n darllen yr ysgrif hon efallai yn pregethu'r Sul nesaf i'r gynulleidfa y mae'r gŵr hwnnw'n perthyn iddi. Ac mae'n annhebyg, wrth gwrs, mai fe yw'r unig ŵr hoyw yn ein heglwysi ni! Beth a ddywedwn wrth gyd-aelod felly? Nid yw'n gweithredu'n hoyw, meddai, ond dywedodd fod y wasgfa ddiddiwedd i beidio â dweud na gwneud dim a allai ddangos ei fod yn hoyw, hyd yn oed pan fyddai eraill yn gwawdio hoywon, a hyd yn oed yn ei gapel ei hun, yn straen aruthrol arno, ac na fu'r erthygl yr ymatebais iddi o ddim help bugeiliol iddo. Pe bai'n mynd at ei weinidog a dweud wrtho am ei boen a'i unigrwydd, beth ddylai hwnnw ei ddweud wrtho? A ddylai ddweud wrtho am gadw ei rywioldeb, rhan aruthrol o'n hunaniaeth ni i gyd, yn guddiedig? A ddylai ddweud wrtho am ddweud wrth ei gyd-aelodau, a dweud wrthynt hefyd bod ei weinidog yn gwybod ac yn ei dderbyn yn ffrind? Neu beth? Oni ddylem oll geisio ymgodymu â'r cwestiwn hwn?

Mae'n anodd cyfyngu ar hoywder, fel y dysgodd yr Eglwys Anglicanaidd drwy ddeddfu y gallai lleygwr hoyw weithredu'n rhywiol, ond na allai offeiriad wneud hynny! Byddai llawer efallai'n fodlon ildio i hoywon yr hawl i ymgyfathrachu'n breifat, y tu ôl i'r llenni fel petai, ond unwaith y cydnabyddir hoywder, fe gwyd cwestiynau eraill. Dadleua rhai, er enghraifft, ei bod yn afreal disgwyl i grŵp cyfan o bobl ymatal yn llwyr rhag mynegi nwyd mor bwerus â rhywioldeb, ac felly os nad ydynt i wneud hynny mewn modd anghyfrifol, dylid eu cymell i greu perthynas sefydlog â rhywun arall. Mae rhai hoywon eisoes yn cydfyw mewn partneriaeth sydd mor sefydlog a ffyddlon â phartneriaeth unrhyw ŵr a gwraig, er nad y rheiny sy'n cael y sylw. Ond cwyd hynny gwestiwn rhoi statws cyfreithlon i berthynas sefydlog rhwng hoywon, er mwyn diogelu rhai hawliau iddynt yn eu perthynas. Mae cwestiwn yma i'r Eglwys yn ogystal ag i'r gymdeithas, ac mae esgobion yng Nghanada wedi rhoi bendith eglwysig ar 'gyfamod' rhwng hoywon, tra'n teimlo bod ei alw'n 'briodas' yn tywyllu cyngor. Ond i'r rheiny y mae'r patrwm teuluol traddodiadol o ddwyfol ordinhad, mae cydnabod perthynas sefydlog rhwng hoywon, gan gymdeithas neu'r Eglwys, yn wyriad difrifol iawn.

Mae cydnabod y fath berthynas yn ei dro yn codi cwestiwn arall eto, sef hawl hoywon sydd mewn perthynas sefydlog i fabwysiadu, pwnc llosg yn yr Unol Daleithiau ar hyn o bryd, a'r taleithiau'n cynnig atebion gwahanol. Dadleuir mai cael modelau o wryw a benyw ar eu haelwyd sy'n ddelfrydol i blant, ond rhwng angau a thorpriodas caiff llawer o blant eisoes eu magu heb fod personau o'r ddau ryw ar yr aelwyd, ac mae llawer o deuluoedd traddodiadol yn *dysfunctional*. I rai plant hefyd, y dewis yw cael eu magu gan ddau ŵr neu ddwy wraig ar aelwyd, neu gael eu magu mewn cartrefi i amddifaid. Gall fod elfennau eraill sy'n lleddfu'r mater mewn rhai sefyllfaoedd. Gwn am ddwy fenyw sy'n cydfyw'n ffyddlon, ac a fabwysiadodd fachgen bach. Mae'n cael gofal da, a digon o gariad, ond mae ganddo hefyd 'dad-cu', tad un o'r menywod nad oes ganddo ŵyr arall, sy'n falch iawn ohono ac yn cadw cwmni iddo byth a hefyd. (Yn yr achos arbennig hwn, mam y plentyn a ddewisodd y ddwy lesbiad i fagu ei phlentyn – o blith sawl cwpl a gynigiwyd iddi'n rhieni posibl i'r bychan.) Gwaith awdurdodau mabwysiadu, medd rhai, yw pwyso'r holl ffactorau mewn mabwysiad.

Gwedd arall ar hoywder na chaiff fawr o sylw fel arfer yw'r ffaith bod gan hoywon deuluoedd, a gall perthyn i rywun hoyw fod yn anodd. Prin y teimla rhieni sy'n darganfod bod mab iddynt yn hoyw y gallant redeg allan i'r stryd a dweud y newydd yn llawen wrth eu teuluoedd a'u ffrindiau – neu eu heglwys! Gan fod rhai'n ystyried y gall magwraeth wyro bechgyn tuag at hoywder, ymateb rhai rhieni i'r newydd bod mab iddynt yn hoyw yw credu mai y nhw sydd ar fai, eu bod wedi gwneud rhywbeth o'i le wrth ei godi, ac felly teimlant yn euog. Gall agwedd eglwys fod naill ai'n help neu'n rhwystr i rieni i hoywon.

Pan glywodd yr eglwys a wasanaethais ddiwethaf fod lesbiaid yn ein dinas eisiau cyfarfod â'i gilydd ar nos Sadwrn i wrando ar siaradwr, neu i gynnal dawns neu gyngerdd, ond nad oedd ganddynt leoedd i ymgyfarfod heblaw tafarndai, cynigiodd y diaconiaid ystafell iddynt yn yr islawr. Un diwrnod cefais lythyr gan fenyw'n byw ymhell i ffwrdd, yn dweud bod ei merch wedi dweud wrthi flwyddyn ynghynt ei bod yn lesbiad, a'i bod yn symud i'n dinas ni i fyw. Daethai'r fam i weld ei merch am y tro cyntaf y penwythnos cyn hynny, a bore Sul gofynnodd iddi a ddeuai gyda hi i gwrdd mewn rhyw eglwys. Deuai i un eglwys, atebodd y ferch, a dim ond i un – a'n heglwys ni oedd honno. "Yr oedd y ddwy ohonom yn eich oedfa chi bore Sul diwethaf" meddai'r fam yn ei llythyr, "diolch i chi am fod y math ar eglwys yr oedd fy merch yn fodlon dod gyda mi iddi. 'Chredech chi fyth gymaint a olygodd hynny i mi." Daw'r cof am y boen a'r diolchgarwch yn y llythyr hwnnw â dagrau i'm llygaid hyd y dydd heddiw.

Yn ôl dau ddiwinydd, Hardy a Ford (tad a mab-yng-nghyfraith) yn eu llyfr *'Praising and Knowing God'*, mae llawer o Gristnogion yn rhannu bywyd i ddwy wedd, trefn ac anhrefn, a chan mai gwneud trefn o anhrefn a wnaeth Duw wrth greu yn yr hanes yn Genesis, ystyriant drefn yn dda, ac anhrefn yn ddrwg. Ond mae elfen arall mewn bywyd medd Hardy a Ford, nad yw'n drefn, ond nad yw'n ddrwg o raid. Eu gair hwy amdano yw *'non-order'* – 'di-drefn'? Heb gydnabod y di-drefn mewn bywyd, nid yw'n bosibl hyd yn oed i ni ystyried y posibilrwydd nad yw hoywder yn bechod.

Un peth a wnaeth argraff ddofn arnaf fi yw ansawdd rhai eglwysi y gwn i amdanynt, a drafododd y mater hwn yn agored, ac yn aeddfed iawn hefyd, yn ôl fy mesurau i, ac a ddatganodd ar goedd wedyn, eu bod, nid yn goddef, ond yn croesawu hoywon. Mewn erthygl ar dudalen blaen 'Y Goleuad' dro'n ôl, soniodd Cymraes ifanc yn werthfawrogol iawn am brofiad addoli mewn eglwys felly. Mae'r un peth yn wir i mi am unigolion a ystyriaf fi'n aeddfed iawn yn y ffydd, sydd wedi meddwl yn hir a dwfn am y mater, ac sy'n derbyn hoywon fel y derbyniant bawb arall.

Mae'r Eglwys yng Nghymru wedi sefydlu comisiwn i drafod y mater hwn. Mae'r Eglwys Ddiwygiedig Unedig drwy Brydain i gyd gan gynnwys Cymru, hefyd wedi dechrau ei drafod, er ei bod hi wedi gohirio ei drafod dros dro, oherwydd ei fod yn tueddu gwthio materion eraill o'r neilltu.

Prin bod yr enwadau eraill yng Nghymru yn barod eto i drafod pwnc mor fygythiol. Ond y mae'r mater ar y bwrdd i ni i gyd fel Cristnogion unigol gasglu gwybodaeth yn ei gylch a meddwl amdano'n onest a dwys a hunanymholgar a chariadus. Yn y diwedd efallai, y cwestiwn yw beth feddyliwn ni a ddywedai Iesu. Gan nad oes gennym air oddi wrtho ef ei hun ar hyn, mae'r ateb i bob un ohonom, fel ynghylch pob mater na wnaeth Iesu ddatganiad clir a diamwys yn ei gylch, yn dibynnu yn y diwedd ar gwestiwn mor boenus ddwfn â pha fath ar Iesu a garwn ni, a beth a wnaeth yr Iesu hwnnw ohonom ni.

12. Doethineb

Cefais sylfaen dda mewn sawl maes yn fy nghwrs diwinyddol yng Nghymru, ond yr oedd hefyd fylchau sylweddol ynddo. Clywais am ffynonellau pum llyfr cyntaf y Beibl, ond dim am y brenin Dafydd. Clywais am ffynonellau'r efengylau, ond dim am destunau y pregethwn arnynt gyda hyn yn amlach nag ar destunau eraill, y straeon am y Geni. (Cytuna ysgolheigion nawr, diolch i'r drefn, na fu dulliau beirniadol o astudio'r Beibl mor llesol i fywyd yr Eglwys ag y gobeithid ar un adeg.) Ni chlywais air ynghylch yr Oesoedd Canol chwaith, nac am *'the Great Age of Expansion'* fel y galwodd Latourette y bedwaredd ganrif ar bymtheg. Ni chlywais hyd yn oed am waith y brodyr Niebuhr ar foeseg, heb sôn am gael fy nghymell i ddiwinydda fy hun – pwnc ar sylabws rhai colegau diwinyddol nawr.

Ni all yr un cwrs diwinyddol wneud pob peth, a digon fuasai clywed am rai o'r meysydd hyn mewn sgyrsiau anffurfiol â'r athrawon, ond ni ddigwyddodd hynny chwaith. Meddyliais ar un adeg fod y ffenomenon hwn yn arbennig i'r coleg diwinyddol y perthynwn i iddo, a chan mai cyn-fugeiliaid oedd yr athrawon, mai rhyw ddiffyg ynom ni'r myfyrwyr oedd yn bennaf gyfrifol amdano efallai. Ond yn ei lyfr 'Pennar Davies', cyfeiria Densil Morgan, Bangor, at y ffaith bod myfyrwyr coleg Annibynnol arall, Y Coleg Coffa, yn Aberhonddu, wedi mynd ar streic ym 1955 (blwyddyn fy ordeinio i), a'r rheswm pennaf dros hynny oedd 'y pellter mawr rhwng y staff a'r myfyrwyr a diffyg diddordeb yr athrawon yn eu bywydau personol na'u lles.' Ai yr un yw hanes colegau enwadau eraill yn y cyfnod hwnnw? (A oes testun ymchwil yma?) Gyda diolch am a gafwyd, mae dyletswydd arnom hefyd i nodi bylchau sy'n rhan o'n stori. Gallant esbonio llawer efallai ar ble yr ydym.

Maes arall na chlywais air yn ei gylch yn y cwrs diwinyddol oedd Llên Doethineb y Beibl. Rhaid bod hyn wedi effeithio ar farn fy nghenhedlaeth i o bregethwyr Cymraeg am y Llên honno, beth bynnag am genedlaethau cynharach a diweddarach. Mis yn ôl benthycais lyfr Yr Athro Bleddyn Jones Roberts, 'Sôn am Achub', oddi wrth gyd-weinidog. Mae brawddegau aneirif wedi eu tanlinellu yn y bennod ynddo ar 'Y Proffwyd yn Achub', ond mae'r bennod ynddo ar 'Doethineb yn Achub' fel newydd!

Wedi ysgrifennu'r frawddeg yna, ffoniais bedwar pregethwr, a gofyn i bob un a oedd erioed wedi pregethu ar destun o lyfr amlycaf Llên Doethineb y Beibl, Llyfr y Diarhebion. Tybiais y byddai un ohonynt wedi gwneud hynny, gan mai menyw yw hi, ac mai benywaidd yw doethineb pan gaiff ei phersonoli yn y Beibl. (Ceisiodd rhai diwinyddion ffeministaidd gysylltu doethineb Feiblaidd â'r Ysbryd Glân – mae sawl tebygrwydd rhyngddynt – er mwyn cael elfen fenywaidd yn y Duwdod.) Ond ni chredai dau o'r pregethwyr iddynt bregethu erioed ar destun o Lyfr y Diarhebion, credai un arall iddo wneud un tro efallai, ac yr oedd y llall bron yn siŵr iddo wneud rywbryd – am reswm personol arbennig – ond ni chofiai fwy na hynny. Golyga hyn na chlywodd y rhai a wrandawodd ar y rhain nemor ddim am Lyfr y Diarhebion oddi wrthynt hwy (dadl, i rai, dros ddefnyddio darlleniadur).

Dywedodd un o'r pregethwyr hynny wrth ffrind iddo am fy ymchwil, a bu hwnnw'n ddigon anystyriol â gyrru ataf a dweud ei fod ef yn cofio pregethu ddwywaith o Lyfr y Diarhebion! Clywais erbyn hyn am un a bregethodd gyfres arno. Mae hynny'n bluen yn ei het ef, ond ni adawaf i ddau bregethwr od andwyo fy thesis yma nawr, sef bod Llên Doethineb y Beibl yn sinderela ysgrythurol yn y pulpud Anghydffurfiol Cymraeg, ac am a wn i yn holl bulpudau Cymru.

Mae hynny'n rhyfeddod gwirioneddol, o ystyried maint y pwyslais ar ddoethineb yn y Beibl. Yn yr Hen Destament, llyfrau Doethineb yw Job, Llyfr y Pregethwr, a'r Diarhebion, a rhannau o lyfrau eraill, megis llyfr y Salmau, ac mae sôn am ddoethineb drwy'r Hen Destament. Pren i'w ddymuno i beri doethineb y bwytaodd Efa ohono, yr oedd Josua fab Nun yn llawn o ysbryd doethineb, doethineb a roddodd Duw i Solomon, a thrwy ddoethineb y sicrhaodd Duw y byd medd Jeremeia.

Yn y Testament Newydd, dywed Luc fod y plentyn Iesu 'yn cynyddu mewn doethineb', a dywed Marc mai'r hyn a ofynnodd y bobl yn Nazareth, bro ei febyd, pan bregethodd yno oedd, 'beth yw'r ddoethineb a roed i hwn?' Saith gŵr 'yn llawn o'r Ysbryd ac o ddoethineb' a ddewiswyd yn ddiaconiaid cyntaf yr Eglwys Fore. Galwodd Paul Iesu'n ddoethineb Duw, a dywedodd mai ei waith ef, Paul, oedd adeiladu eglwysi i ddatguddio doethineb Duw. Mae Iesu ei hun yn arddel y traddodiad doethineb yn gyson. Dyn doeth meddai ('call' yw cyfieithiad y Beibl Cymraeg Newydd, arwydd o air gwreiddiol gwahanol) oedd y dyn a adeiladodd ei dŷ ar y graig, a morynion doeth ('genethod call' yn y BCN), oedd yn barod ar gyfer y briodas. Cysyllta Iesu ddynion doeth â phroffwydi. Siaradodd yn ddiarhebol ei hun – 'a fedr dyn dall arwain dyn dall?' – a ffurf ar ddoethineb oedd dameg.

Yn wyneb hyn oll, a llawer, llawer iawn mwy, mae'n tawelwch ynghylch doethineb Feiblaidd yn fwy na rhyfeddol, mae'n syfrdanol. Y prif reswm am hynny efallai yw'r gred nad yw cynnwys Llên Doethineb y Beibl ar drywydd gwaith achubol Duw yn hanes, yn ôl yr Hen Destament a'r Testament Newydd. Nid yw, er enghraifft, yn adlewyrchu cynsail y darlun mwyaf dylanwadol oll o berthynas Duw â'i bobl yn y Beibl, sef yr hanes yn llyfr Ecsodus am yr Israeliaid yn gaethweision yng ngwlad yr Aifft. Cynsail yr hanes hwnnw yw na all yr Israeliaid wneud dim eu hunain ynghylch eu cyflwr ond gweiddi ar Dduw i'w gwared. Dyna gynsail diwinyddiaeth Gristnogol uniongred yr oesoedd hefyd, sef ein bod ni Gristnogion yn gaeth, ond i bechod yn ein hachos ni, ac na allwn ninnau wneud dim ynghylch ein cyflwr ond gweiddi ar Dduw i'n gwared. Ond cynsail llawer o gynnwys Llên Doethineb y Beibl yw y gall pobl Dduw wneud rhai pethau ynghylch eu cyflwr yn gyffredinol ar y ddaear yma, ac mai rhan o waith doethineb yw eu cyfeirio at y pethau hynny.

Yn ychwanegol, poblogeiddiodd dau ysgolhaig o'r enw Wright

a von Rad yr ymadrodd 'mawrion weithredoedd Duw' i ddisgrifio
gwaith achubol Duw 'yn hanes. Llwyddodd yr ymadrodd i
gyflawni amcanion diwinyddol pwysig a oedd ganddynt hwy ar
y pryd. Ond 'nid oes unrhyw ie nad yw'n na', ac mae'r ymadrodd
yn tueddu cau allan unrhyw weithgareddau dwyfol na ellir eu
galw'n 'fawrion weithredoedd Duw', gan gynnwys y math ar
weithgarwch dwyfol ym mywydau bob dydd pobl y mae llawer o
sôn amdano yn Llên Doethineb y Beibl.

Ond nid yw'r feirniadaeth nad yw cynnwys Llên Doethineb y
Beibl ar drywydd gwaith achubol Duw yn hanes, yn ôl yr Hen
Destament a'r Testament Newydd, yn fanwl gywir. Cyfeiriais
eisoes at y bennod 'Doethineb yn Achub', yn llyfr yr Athro
Bleddyn Jones Roberts 'Sôn am Achub'. Yn y bennod honno
cyfeiria'r Athro at eiriau ynghylch doethineb yn Diar 8.30 y gellir
eu cyfieithu 'megis plentyn bach' – hynny yw, mae doethineb,
meddai'r Athro, yn 'blentyn i Dduw'. Â'r Athro ymlaen, "Tybed
ai Llên Doethineb, er ei holl ddiddordeb yn 'noethineb y byd
hwn', a'n dug agosaf o bob rhan o'r Hen Destament at 'y Gair a
ddaeth yn gnawd?'" Yn wir, awgryma (gan addef nad efe yw'r
cyntaf i wneud hynny) fod Diar 8 yn agos iawn mewn gair ac
ysbryd at Brolog Efengyl Ioan! Hyd yn oed mewn mannau a
ddisgrifir gan yr Athro'n 'rhannau secwlar' o Lyfr y Diarhebion,
mae math ar ddywediadau, medd ef, megis 'Trwy drugaredd a
gwirionedd y dilëir pechod', ac 'ymwared sydd oddi wrth yr
Arglwydd', sy'n "codi doethineb yn glir o rigolau 'dyn a'i
ymddygiad'", yr hyn a eilw'r Athro 'yr ymylon diwinyddol'.

Ond rhaid cydnabod bod rhannau helaeth o Lên Doethineb y
Beibl sydd – yn wahanol i batrwm y llyfrau Hanes a'r Proffwydi –
â'u diddordeb yn ymddygiad dyddiol pobl, ac sy'n ymwneud â
diwydrwydd, a chymedroldeb mewn bwyta ac yfed, a disgyblu'r
tafod a'r nwydau, fel pethau sy'n arwain at gytgord (*shalom*)
personol a chymdeithasol. Beth sydd i'w ddweud am y rhannau
hyn?

Y peth cyntaf i'w ddweud yw bod Llên Doethineb y Beibl yn
cael sylw newydd ers amser nawr. Mae ffrwd fechan gyson o
erthyglau a llyfrau'n cael eu hysgrifennu yn ei gylch ar hyn o
bryd. Un rheswm am hynny efallai yw'r sylweddoliad bod angen

y math hwn ar wybodaeth ar Gristnogion. Fel y dangosodd
Walter Brueggemann, nid dim ond Israeliaid caeth yn yr Aifft, yn
gallu gwneud dim drostynt eu hunain heblaw gweiddi ar Dduw
am ymwared, sydd yn yr Hen Destament. Y mae ynddo hefyd
ddynion fel Noa ac Abraham a Dafydd, a oedd mor ddibynnol ar
Dduw am anadl einioes a gras â'r Israeliaid yn yr Aifft, ond a
oedd, ar wahân i hynny, yn ddynion rhydd, da eu byd, galluog a
phwerus, a chanddynt fodd i wneud llawer iawn eu hunain. Nid
angen am i Dduw eu hachub oddi wrth un argyfwng hanesyddol
cynhwysfawr drwy wneud y cyfan drostynt oedd arnynt hwy. Eu
hangen hwy oedd am gyfarwyddyd ynghylch sut i ddefnyddio'u
rhyddid a'u cyfoeth a'u gallu a'u pŵer yn eu bywyd bob dydd fel
pobl mewn cyfamod â Duw. Mewn gair, yr hyn yr oedd ei eisiau
arnynt oedd doethineb, ac ar eu cyfer hwy a'u bath y
cyfansoddwyd Llên Doethineb y Beibl, meddai Brueggemann.
'Fel afal aur yw gair yn ei bryd' yw un o ddywediadau Llyfr y
Diarhebion er enghraifft. Nid cyfarwyddyd i gaethweision yn yr
Aifft mo hynny, ac nid cyngor yw ynghylch derbyn anadl einioes
a gras, ond canllaw ymarferol i wŷr rhydd, da eu byd, galluog a
phwerus – fel Noa ac Abraham a Dafydd, wrth iddynt ymwneud
â'u tebyg yn eu bywyd cymdeithasol.

Ychwanega Brueggemann fod ein cenhedlaeth ni o Gristnogion
yn y Gorllewin yn nes at Noa ac Abraham a Dafydd nag yr ydym
at yr Israeliaid yn yr Aifft gynt. Yr ydym ninnau hefyd, fel yr
Israeliaid yn yr Aifft, ac fel Noa ac Abraham a Dafydd, yn llwyr
ddibynnol ar Dduw am anadl einioes a gras, ond yn wahanol i'r
Israeliaid yn yr Aifft, ac yn debyg i Noa ac Abraham a Dafydd, yr
ydym yn rhydd, yn dda ein byd, yn gallu datblygu'n galluoedd, a
chennym bŵer o ryw fath, hyd yn oed os nad yw'n fwy na
phleidlais mewn etholiad. Y mae arnom ninnau angen, yn
arbennig heddiw efallai, yn gymaint â'n bod yn byw mewn
cyfnod cyfnewidiol a chymysglyd, am ddoethineb i fyw o ddydd
i ddydd fel pobl mewn cyfamod â Duw.

Dywediadau cyffredinol sy'n codi allan o sylwadaeth ar y natur
ddynol a'r byd mewn rhyw sefyllfa arbennig yw llawer o
ddywediadau Llên Doethineb. Yn hyn cydweddant â phwyslais
Cristnogol cynyddol heddiw, sy'n adwaith yn rhannol i'r

pwyslais hir a thrwm ar 'fawrion weithredoedd Duw', sef pwyslais ar 'weithredoedd bychain Duw' hefyd, ar ddylanwad Duw yn nigwyddiadau cyffredin ein bywydau bob dydd ni, a'r datguddiadau ohono sydd yn y rheiny.

Wrth gwrs, gall adnabod dylanwad Duw yn nigwyddiadau cyffredin ein bywyd bob dydd ni fod yn fater cymhleth sy'n galw am gryn bwyll ac aeddfedrwydd, a pharodrwydd i ddysgu oddi wrth feistri yn y gwaith hwnnw. Frederick Buechner, y llenor Americanaidd, yw un o'r meistri hynny. Yn ei lyfr 'A Theological ABC' er enghraifft, â drwy'r wyddor, gan ddewis nifer o bynciau dan bob llythyren, ac ysgrifennu dau neu dri pharagraff ar bob un. O dan T ceir *Tears*, a dywed y gall dagrau ddod i'n llygaid o bryd i'w gilydd heb i ni wybod eu hachos. Fe dâl i ni fynd ar ôl y dagrau hynny, meddai, a chwilio eu hachos, oherwydd siawns nad yw Duw'n dweud wrthym yn y dagrau hynny o ble y daethom, ac efallai hefyd i ble y dylem fynd nesaf os ydym am achub ein heneidiau.

Er bod iddynt nodweddion sy'n eu galluogi i godi uwchlaw sefyllfa arbennig, gan gynnig cyfarwyddyd i wrandawyr newydd mewn sefyllfa gyfoes, eto, gwirioneddau cyffredinol rhannol yw dywediadau doeth megis diarhebion. Mae dihareb yn wir am ambell sefyllfa, ond nid yw'n wir am un arall. Mae'n ymgais i roi trefn ar realiti, ond ar yr un pryd mae'n cydnabod cymhlethdod bywyd ac yn gwrthod symleiddio gormodol. Yn hyn y mae i ddihareb naws ôl-fodern. Ond mae i ddihareb berygl ôl-foderniaeth hefyd, y perygl y gellid ei defnyddio i gyfiawnhau beth bynnag y bydd person eisiau ei gyfiawnhau, ac mae popeth wedyn yn foesol gydradd. Eithr y mae doethineb Feiblaidd yn gosod canllawiau, mae'n awgrymu doethineb ynghylch defnyddio doethineb, a gwelir hynny yn yr hyn a elwir yn '*limit proverbs*': 'Dyn biau trefnu ei feddyliau, ond oddi wrth yr Arglwydd y daw ateb'; ac eto, 'Y mae meddwl dyn yn cynllunio'i ffordd, ond yr Arglwydd sy'n trefnu ei gamre'.

Y mae dyletswydd arnom i geisio doethineb felly, ac yn ei goleuni i feddwl, i drefnu, i gynllunio, ond ar yr un pryd rhaid cofio mai dechrau doethineb yw ofn Duw, ac mai rhodd Duw yw gwir ddoethineb. Y mae doethineb Feiblaidd yn galw arnom hefyd i gydnabod terfynau sicrwydd, ond i glywed drwy hynny, nid gwarant i bob math ar berthynoledd, ond galwad i fentro ar gymaint ag a wyddom, gan 'ofni' Rhoddwr Doethineb. Onid antur fel yna fu ffydd Feiblaidd ers dyddiau Abram?

Gall Llên Doethineb y Beibl felly ein dysgu nad oes angen i ni alw ar Dduw i wneud popeth. Mae Duw eisoes wedi rhoi i ni ryddid, gallu, a phŵer i wneud rhai pethau ein hunain, ac yn ogystal â'n cynnal a'n cadw drwy Ei fawrion weithredoedd, mae hefyd yn rhoi i ni ddoethineb ar gyfer amgylchiadau dyddiol, ar gyfer digwyddiadau mân ein bywyd bob dydd ni.

Gall Llên Doethineb y Beibl ein dysgu hefyd i arddel pobl, nid fel ciphers diwinyddol, nad ydynt yn ddim namyn pechaduriaid yn treulio'u dyddiau byrhoedlog rhwng crud a bedd yn teimlo'n euog ac yn dyheu am faddeuant, ond fel pobl sydd hefyd yn gorfod gweithio allan eu hiachawdwriaeth bob dydd mewn byd y mae bywyd yn hirach ynddo, newid yn amod parhaus iddo, a llawer o'r hen reolau'n methu â dal dŵr mwyach, byd sy'n llond pobl y mae arnynt angen cyfarwyddyd ymarferol ar eu pererindod. Y mae doethineb yn ein galw i weld pobl fel personau llawn sy'n gorfforol a rhywiol a chwareus a chreadigol, sydd â chyfrifoldebau teuluol ac economaidd a chymdeithasol a gwleidyddol, personau sydd nawr yn ifanc, wedyn yn ganol oed, yna'n hŷn, a phob cyfnod yn rhoi ei arlliw ar eu hanghenion crefyddol.

Cred rhai fod arddel cyffredinedd manwl bywyd bob dydd, yn ogystal â phwysleisio 'mawrion weithredoedd Duw', yn bwysig iawn heddiw wrth gyfathrebu'r ffydd. Mewn dyddiau pan fo datguddiad yn ei ystyr traddodiadol yn rhoi anhawster i fwy a mwy o bobl, gall doethineb fod i lawer yn agoriad drws i gyfoeth yr efengyl, i'r Iesu 'doeth', ac i Dduw'r 'unig ddoeth', y mae ei ofni'n ddechrau doethineb.

Soniais yn gynt am ddau reswm posibl dros ein hesgeulustod ni o ddoethineb y Beibl. Mae un arall hefyd. Bu Cristnogaeth hanesyddol yn aml yn gystadleuol, ac oherwydd hynny tueddodd i bwysleisio elfennau yn ei thraddodiad nad ydynt gan grefyddau eraill – y cenhedlu gwyryfol, gwyrthiau'r Iesu, yr Atgyfodiad. Yr ochr arall i hyn yw ei bod wedi tueddu i anwybyddu elfennau yn

ei thraddodiad hi ei hun os ydynt hefyd mewn crefyddau eraill –
ac oherwydd hynny! Un o'r rheiny yw doethineb.

Mae traddodiad o ddoethineb mewn sawl crefydd arall, a phan
fyddwn yn arddel doethineb ein traddodiad ni ein hunain,
byddwn hefyd efallai'n dechrau codi o leiaf un bont fechan
rhyngom a thraddodiadau crefyddol eraill. Duw a ŵyr fod angen
pontydd felly yn y byd hwn y mae rhaniadau sydd ag arlliw
crefyddol iddynt mor gyfrifol am raniadau gwleidyddol gofidus
ac echrydus ynddo ar hyn o bryd.

13. Pechod

Daw'r ddealltwriaeth ddyfnaf am y natur ddynol, medd Edward Farley, nid drwy nac arbrofi gwyddonol na dyfalu athronyddol, ond allan o brofiadau pobloedd cyfain dros gyfnodau hir. Gweledigaeth a gododd allan o hanes yr Iddewon yw honno yn y stori am ardd Eden, a alwodd y Ffrancwr Paul Ricoeur yr *'Adamic myth'* – myth yn yr ystyr o'r unig ffordd i drafod gwirionedd sydd y tu hwnt i hanes. Dywed y stori mai pechaduriaid ydym i gyd.

Wrth dderbyn yr Hen Destament, derbyniodd Cristnogaeth yr *'Adamic myth'* hefyd. O'r dechrau bron felly, ystyriodd Cristnogaeth mai pechod yw'r nodwedd waelodol ynom y mae'r efengyl yn ateb iddi, mai cyfaddef ein pechod yw'r cam cyntaf ar y bererindod Gristnogol, ac mai pechod yw gelyn y Cristion ar hyd y daith wedyn.

Ond yn y cyfnod modern, gwanhaodd y pwyslais ar bechod ymysg Cristnogion y Gorllewin. Dechrau'r ugeinfed ganrif, er enghraifft, o dan ddylanwad y ddamcaniaeth ynghylch esblygiad, credai Cristnogion (fel pawb arall), yr arweiniai gwelliannau cymdeithasol – tai rhagorach, addysg i bawb, gofal meddygol da – yn anochel at fyd gwell ym mhob ystyr, a rhoddodd diwinyddion Cristnogol fel Harnack eu bendith ar y gred. Diflannodd yr optimistiaeth honno gyda chelanedd gorffwyll y Rhyfel Byd Cyntaf, a chan ddechrau â'i esboniad enwog ym 1919 ar Epistol Paul at y Rhufeiniaid, tynnodd Karl Barth sylw Cristnogion yn ôl at bechod fel gwahanfur rhwng Duw y Creawdwr a ni ei greaduriaid. Ond er pwysiced cymaint o waith Barth o hyd, gwanhaodd ei ddylanwad yn gyflym hefyd mewn rhai cylchoedd. (Achubais gyfle un bore i ofyn i Heinrich Ott, olynydd Barth yn Basle, a oedd ei fyfyrwyr yn darllen Barth. Ei ateb oedd "Dim ond yn y nos – o dan y dillad gwely!")

Rhan o'r rheswm am y gwanhau o ddylanwad Barth, oedd gwanhau eto ar y pwyslais ar bechod. Ym 1975 ysgrifennodd Karl Menninger y seiciatrydd y llyfr *'Whatever Happened to Sin?'* Y tro hwn, soffa'r seicolegydd oedd wedi cymryd lle'r gyffesgell, a therapi lle maddeuant. Adweithiodd seicoleg boblogaidd hefyd, a'i phwyslais ar fod yn bositif, yn erbyn 'negyddiaeth' pechod. Heddiw, drwy bleidio perthynoledd moesoldeb, gwnaeth y meddwl ôl-fodern bechod yn llai o realiti eto i lawer. Teitl sgwrs ar foeseg a glywais dro'n ôl oedd 'Mae bwyta pobl eraill yn ddrwg – bob amser bron'!

Achos arall o'r gwanhau ar y pwyslais ar bechod ers amser yw ymdriniaeth yr Eglwys ohono. Mae trafod gwedd mor waelodol a chynhwysfawr o'r natur ddynol yn galw am sylwedd a doethineb, am ymatal a chariad. Os dangosodd yr Eglwys aeddfedrwydd meddyliol ac ysbrydol weithiau wrth drafod pechod, yn aml hefyd bu ei hymdriniaeth o bechod yn gyfyng, ac weithiau'n wirioneddol wael.

Drwy or-ddefnyddio'r gair fel label gyffredinol, yn aml cuddiodd amrywiaeth profiadau pobl. Methodd â gwahaniaethu rhwng anghydfod pwrpasol, a dieithrio damweiniol – *'benign alienation'*. Methodd â chydnabod pechod sy'n tyfu'n gynhenid i grwpiau o bobl, megis y rheiny a gredai'n gydwybodol ar un adeg fod caethwasiaeth yn sefydliad naturiol. Methodd hefyd â gwahaniaethu rhwng trasiedi – fel pan fydd pobl yn gwneud niwed er iddynt geisio bod yn dda (thema yn nofelau Iris Murdoch) – a phechod bwriadol. Cymhellai Krister Stendahl ei fyfyrwyr yn Harvard i hepgor y gair 'cariad', am iddo gael ei ddefnyddio hyd at syrffed diystyr. Pe hepgorai pregethwyr y gair 'pechod' am dro, efallai y byddai'r ymchwil am eiriau yn ei le'n esgor ar siarad mwy penodol a chraff am bechod.

Yn ogystal, cyfyngodd yr Eglwys yn aml ar y syniad o bechod. Cyfyngodd ar ei rychwant, drwy ei uniaethu â gwendidau *bourgeois* a'i breifateiddio – yn bennaf drwy ei gyfystyru â phechod rhywiol. Un tro, daeth Esgob Lwtheraidd yn hwyr i bwyllgor yr oeddwn innau'n aelod ohono, eisteddodd wrth fy ymyl, a sibrydodd wrthyf – "Wedi bod mewn pwyllgor arall, yn trafod pechod. Siarad diddiwedd am *pelvic sins*, ond dim gair am *sins of power!*" Cyfyngodd yr Eglwys ar gydgyswllt pechod hefyd. Gofynna Douglas Hall, "Oni roddodd Cristnogaeth ormod o bwyslais ar bechod gwirfoddol, a rhy ychydig ar ei achos, sef y pryder ynghylch terfynau sy'n deillio o'r ffaith mai rhai a grëwyd ydym? Mor aml yn y Testament Newydd y mynega'r gair 'tosturi' ymateb Iesu i sefyllfaoedd gwahanol, ond ymateb i'n meidroldeb, y cymysgwch o bosibiliadau ac amhosibiliadau ynom, yw ei dosturi bob tro."

Gwaethaf oll efallai, mae Cristnogion unigol, a'r Eglwys, yn lle defnyddio'r gair pechadur i ddisgrifio cyflwr pob un ohonom ni, yn aml wedi ei ddefnyddio i feistroli pobl. Cofiaf fenyw'n adrodd wrthyf fel y byddai ei thad, pe deuai hi adref yn hwyr ar nos Sadwrn yn ferch ifanc, yn aros amdani wrth y glwyd, Beibl yn ei law, a'i galw'n bechadures. Ac yn aml cadwodd yr Eglwys eneidiau proffwydol yn fud, a phobloedd cyfain yn wasaidd, drwy fygwth cosb dragwyddol am eu pechod na allai neb ond hyhi eu harbed rhagddi.

Ond ym mysg Cristnogion heddiw, mae newid yn safle pechod am reswm gwahanol i'r rhain i gyd. Dywedodd y diwinydd Paul Tillich, ganol y ganrif ddiwethaf, nad euogrwydd ynghylch pechod yw unig bryder sylfaenol pobl, bod dau arall. Un yw pryder ynghylch difodiant, meddai, megis pryder pobl adeg Y Pla Du yn Ewrop yn y bedwaredd ganrif ar ddeg, a phryder y Gorllewin a'r Dwyrain tua diwedd y ganrif ddiwethaf pan gredid y gwasgai rhywun y botwm niwclear ryw ddydd. Y llall, meddai, yw pryder ynghylch gwacter ystyr bywyd, a chredai Tillich mai'r pryder hwn yw prif bryder ein cyfnod ni. Eiliwyd hynny gan yr athronydd, yr Athro J. R. Jones, Abertawe, mewn ysgrif yn ei lyfr 'Yr Argyfwng Gwacter Ystyr', a ddisgrifiwyd gan Pennar Davies yn angladd yr Athro ym 1970 yn 'un o'r ysgrifau angerddolaf ar themâu ffydd ac anffydd a ymddangosodd yn y ganrif hon'.

A barnu oddi wrth boblogrwydd emyn Rhys Nicholas 'Tydi a wnaeth y wyrth, O Grist, Fab Duw' (791 yn 'Caneuon Ffydd'), efallai bod yr un pryder yn brigo yng nghalonnau, os nad meddyliau, llawer o Gristnogion Cymru heddiw, oherwydd yn ei emyn, yn ymwybodol neu beidio, defnyddia Rhys Nicholas yntau eiriau Tillich – er i Rhys Nicholas eu gwahanu. Yr hyn a symbylodd ef i ysgrifennu'r emyn, meddai, oedd yr hanesyn yn Ioan 9 am Iesu'n rhoi ei olwg i ddyn dall. Diau fod i hanesyn Ioan ystyr ysbrydol yn ogystal ag ystyr llythrennol, ond am brofiad ysbrydol yn unig y sonia'r emyn, y profiad, wrth 'gael' person Iesu, o 'weld' yn lle bod yn ddall, o dderbyn golau sy'n dod â'r pell yn agos, golau sy'n harddu gorwelion oes, ac sy'n troi cysgodion yn wawr. Mae'n brofiad, meddai, o lanw **gwacter** bywyd, o adnabod **ystyr** bywyd.

Mae i'r emyn ei gyfyngiadau. Er bod Rhys Nicholas yn sôn mewn sawl un o'i emynau am bersonau eraill, ac am ganlyniadau moesol ffydd, nid yw'n sôn amdanynt yn yr emyn hwn. Am brofiad unigolyddol o Grist y sonia yn yr emyn hwn, am brofiad esthetig-cyfriniol sy'n ymwneud â'r hunan a'r cread. Eithr mae'r ail linell o'i gwpled cyntaf oll yn taro nodyn, nid nodyn ynghylch teithio i fyd arall 'sydd well i fyw', ond am 'flas ar fyw', am lanw gwacter bywyd ag ystyr – yn y byd hwn! Nid yw'n awgrymu cynnwys yr ystyr – ar wahân i'r profiad esthetig-cyfriniol – ond mae'r nodyn ynghylch ystyr i fywyd yn y byd hwn yn un sy'n gafael yn ein pobl fel pe baent wedi hir ddisgwyl amdano.

I'r Athro J. R. Jones, rhan allweddol o'r pryder gwacter ystyr cyfoes yw bod ein gwareiddiad gorllewinol, wrth golli ei wreiddiau, yn mynd yn ysglyfaeth i dechnoleg a masnach, a bod y math ar feddyliau a fu'n fynegiant o ffydd yn y gorffennol, bellach yn ddi-fudd. Ymhelaethodd ef ar y pryder, mewn syniadaeth ynghylch absenoldeb Duw, a ffydd heb atebion. Nid pawb fyddai'n dewis dilyn yr Athro ar hyd llwybrau Anallu Duw a'r *Deus absconditus*, ond mae math arall eto ar wacter ystyr yn ein diwylliant cyfoes ni.

Ystyr bywyd i lawer iawn o blith cenhedlaeth fy nhad-cu a'm mam-gu, a'm rhieni, oedd ymdrechu i roi byd gwell i'w plant. Erbyn heddiw, o ran anghenion sylfaenol, o ran cysgod a maeth ac addysg a gwaith a meddygaeth a chyfiawnder a rhyddid, mae eu hymdrechion wedi dwyn ffrwyth, mae'r byd gwell yr ymdrechent amdano wedi cyrraedd, ac mae'n anodd i lu o'm cenhedlaeth i hyd yn oed ddychmygu nawr sut y gallai bywyd fod fawr gwell i ni a'n plant yn ei hanfodion. Hyd y gwelwn ni, bydd plant ein plant hefyd yn ddiogel o ran anghenion sylfaenol, fel nad oes galw arnom ni i ymdrechu mwy na mwy drostynt hwy. Beth felly yw ystyr bywyd i'm cenhedlaeth i a chenhedlaeth fy mhlant i?

Un ateb, wrth gwrs, yw mwynhau'r bendithion a ddaeth i ni drwy ymdrechion y rhai a aeth o'n blaen. Gall mwynhau'r bendithion hynny fod yn ffurf ar ddiolch amdanynt hefyd. Pan ddiolchwn yn blentyn i mam am rodd, ei hateb gan amlaf fyddai, "Wel mwynha fe nawr." Cred rhai fod gan Gristnogion wersi i'w dysgu ynghylch mwynhau'n bendithion yn ddiolchgar. Yn eu llyfr *'Praising and Knowing God'*, awgryma Hardy a Ford mai stoiciaeth rinweddol ond aflawen yw ffydd llaweroedd o Gristnogion. Mae lle i gredu bod gan Brotestaniaid yn arbennig lawer i'w ddysgu ynghylch mwynhau, oherwydd eu drwgdybiaeth draddodiadol o'r corff a gwasgfa'r etheg-gwaith Brotestannaidd. Rhan o waith yr Eglwys yw rhyddhau ei phobl i fwynhau bendithion bywyd yn ddiolchgar.

Ond erbyn hyn aeth yn anodd i rai pobl fwynhau bendithion bywyd, oherwydd bod ein cymdeithas gyfoes Orllewinol ni'n mynd yn bell, bell y tu hwnt i'n digoni ni â bendithion sylfaenol. Datblygodd yn gymdeithas or-foethus a gwastraffus, ac mae llawer o Gristnogion na fynnant feddwl am eu hunain fel aelodau cyflawn cymdeithas o'r fath. Eu dymuniad yw cael hyd i ffordd o fyw iddynt hwy a'u plant, sy'n cynnwys mwynhau bywyd yn ddiolchgar, ond sy'n mynd llawer ymhellach na hynny hefyd, drwy fabwysiadu gwerthoedd hanfodol gwahanol i werthoedd y gymdeithas brynwrol feddiangar o'u cwmpas, drwy ddod o hyd i ffordd mwy ystyrlon o fyw.

Gwaeth fyth, wrth gwrs, mae'n cymdeithas brynwrol ni'n feddiangar a gwastraffus a gor-foethus mewn byd y mae miliynau ar filiynau ynddo'n dioddef yn enbyd ac yn ddi-baid drwy gael eu hamddifadu o ddarpariaeth i gyfarfod â'u hanghenion mwyaf sylfaenol. Dioddefant oherwydd creulonderau byd natur, yn heintiau a daeargrynfeydd a llifogydd a sychder a stormydd; dioddefant oherwydd eu cyd-fforddolion, drwy lwgrwobrwyo a gwyro barn a rhyfeloedd cartref ac unbeniaid; ond dioddefant hefyd oherwydd systemau masnach a marchnadoedd ariannol y Gorllewin cyfoethog.

Mae llinell olaf pob pennill yn emyn Rhys Nicholas, yn sôn am fawrhad, neu fawl (ffurf arall ar ddiolch). Mae mawl yn bwysig iawn. Mawl gymerodd Hardy a Ford yn agoriad i holl faes diwinyddol eang eu llyfr hwy. Er hynny, nid yw mawl ohono'i hun yn ystyrlon o raid. Yn ei lyfr *'Duty and Delight'* dywedodd Erik Routley, gweinidog Annibynnol a fu'n ddarlithydd mewn emynyddiaeth yng Ngholeg Mansfield yn Rhydychen, bod Arthur Sullivan (m.1900), crefftwr cerddorol gorau Prydain yn ei ddydd, yn ddi-chwaeth yn ei fiwsig eglwysig: *"The Festival Te Deum is good for nothing but a hearty laugh"*, meddai. Casgliad Routley yw bod safon y sgwrs a glywai Sullivan yn ei eglwys ef ei hun yn druenus mae'n rhaid.

Ni wn i beth oedd yn ddiffygiol yn sgwrs eglwys Sullivan, ond wedi i'r proffwyd Eseia gyhoeddi bod Duw'n dweud wrth genedl Israel, 'Pan ledwch eich dwylo mewn gweddi, trof fy llygaid ymaith...', aeth ymlaen i ddweud hefyd beth oedd yn ddiffygiol yn ei sgwrs hi – "Fel hyn y dywed yr Arglwydd, 'Gwnewch gyfiawnder'." Yr hyn oedd yn ddiffygiol yn sgwrs Israel, oedd diffyg sylw ynddi i gyfiawnder. Os yw emynwyr a cherddorion mewn unrhyw gyfnod i greu moddion teilwng i fawl, ac os yw mawl addolwyr i fod yn dderbyniol gan Dduw, onid oes rhaid i gyfiawnder fod yn rhan o'u sgwrs?

Un o alwadau eglwys, heb os nac oni bai, yw cynrychioli consýrn Duw am gyfiawnder. Nid yw'n byd ni fyth yn brin o anghyfiawnderau, ond ym mhob cyfnod bydd rhai anghyfiawnderau'n amlwg iawn. Soniodd Eseia am 'y gorthrymedig' – yr amddifad a'r weddw, a soniodd Iesu am yr *anawim*, y tlodion, llawer ohonynt yn rhai a aeth i ddyled a cholli eu tir, heb fod gan gymdeithas ddarpariaeth arall i'w cynnal. Ond pwy yw'r rhai sy'n dioddef fwyaf oddi wrth anghyfiawnder heddiw?

Mae bob amser digon o bobl o fewn cyrraedd sy'n dioddef anghyfiawnder, a dylai eglwysi fod yn arwydd yn eu cymdogaethau eu hunain o gonsýrn Duw am gyfiawnder iddynt.

Ond nid yw anghyfiawnderau yn ein cymdeithas ni i'w cymharu ag anghyfiawnderau yn y Trydydd Byd. Erbyn hyn, i raddau helaeth, yr ydym ni yn y Gorllewin wedi allforio anghyfiawnder, wedi gwella'n safon byw ni ar gefn gwledydd y Trydydd Byd, ac yn hongian uwch ein pennau fel cleddyf Damocles, y mae'r wybodaeth am drueni byd nad yw na phapurau dyddiol na theledu yn rhoi i ni'r esgus o allu eu hanghofio. Heddiw, mae eisiau i ni ddysgu'n gilydd yn ein heglwysi, nid yn unig i ymateb i anghyfiawnder gerllaw, ond hefyd sut mae globaleiddio ein hymateb i anghyfiawnder.

Cyn y gallwn wneud hynny o ddifrif, rhaid i ni oresgyn dau rwystr mawr. Y cyntaf yw mai canolfannau addoli'n unig yw llawer iawn o'n heglwysi erbyn hyn mewn gwirionedd. Bellach, mae angen iddynt fod yn llawn cymaint o ganolfannau dysg, dysg o sawl math, ond yn y cyswllt hwn, dysg ynghylch natur a hyd a lled anghyfiawnderau mewn gwledydd pell. Mae angen hefyd iddynt fod yn ganolfannau gweithgareddau yn ymwneud â chyfiawnder mewn ffyrdd a fydd yn cyfoethogi bywydau dioddefwyr mawr y byd. Gall hynny olygu mynegi barn i wleidyddion, arwyddo llythyron Amnest, gweithio dros y Farchnad Deg, cefnogi Cymorth Cristnogol, 'mabwysiadu' plant yn y Trydydd Byd, gefeillio ag eglwys yno, cychwyn prosiectau yno – agor ffynnon mewn pentref, prynu tractor i gwmni o ffermwyr tlawd.

Dylai'r wedd hon o fywyd eglwys fod nid yn rhywbeth ychwanegol, i'w wneud pan ddaw'r hwyl, neu os digwydd fod ganddi weinidog ifanc, egnïol, neu os daw corff arall ar ei gofyn, ond yn rhywbeth a wna mor gyson a di-feth ag addoli! Dylai fod yn weithgarwch y mae rhywrai yn yr eglwys yn unswydd gyfrifol amdano, a'r eglwys gyfan yn ei drafod o bryd i'w gilydd, gan gofio bob amser neges Diwinyddiaeth Ryddhad, diwinyddiaeth a aned ymhlith pobl yn y byd sy'n dioddef anghyfiawnderau mawr, y neges na ellir yn ein byd cyfoes wahanu ffydd a gweithredoedd fel a wnaed yn nyddiau Martin Luther!

Y rhwystr arall yw fod rhoi cynnil iawn – hyd yn oed pan gredwn ein bod yn gwneud yn dda! – wedi tyfu'n ffordd o fyw yn ein diwylliant eglwysig Cymraeg erbyn hyn. Peidiwn â bod yn rhy llawdrwm arnom ni ein hunain, oherwydd hyd a lled cyllid llawer o eglwysi ers blynyddoedd nawr yw cynnal gweinidog a chadw pethau i fynd. Ond o ganlyniad, aeth ein cenhedlaeth ni o Gristnogion yng Nghymru'n swil hyd yn oed ynghylch trafod rhoi. Prin y gallasai hynny fod yn wir yng nghyfnod codi cannoedd o gapeli ar hyd a lled y wlad, ac yn sicr nid yw'r Beibl yn rhy swil i drafod rhoi. Mewn rhyw ystyr neu'i gilydd, digwydd y gair arian dros 400 o weithiau yn y Beibl (heb sôn am aur, pres, ceiniog, denariws, hatling). Geilw ymateb i anghyfiawnderau byd am ddychymyg a dawn ac egni a gweddi. Ond golyga hefyd barodrwydd i rannu'n hael iawn o'n da.

Nid wyf yn amau nad oes yn codi yng Nghymru heddiw genhedlaeth newydd o Gristnogion sy'n disgwyl arweiniad oddi wrth eu heglwysi yn yr alwad i ofalu am *anawim* ein dyddiau ni, cenhedlaeth sy'n awyddus i rannu ei da â difreintiedig y byd, cenhedlaeth sy'n synhwyro bod arni angen rhannu o'i da. Credaf hefyd fod yna rai sydd, er eu bod yn araf eu rhoi, yn hanner gobeithio y bydd gwasgfa'n cael ei roi arnynt i roi'n well. I'r graddau bod eglwysi America'n dal ar y blaen i ni mewn rhai ffyrdd, un o'r rhesymau yw fod eu haelodau'n deall bod rhoi o'u gorau yn foddion iddynt nesu at ganol bywyd eu heglwysi, ac felly bod ar aelodau eglwysig ddyletswydd i fugeilio'i gilydd drwy herio'i gilydd yn ariannol – a gwnânt hynny!

Gelwir arnom ninnau yn ein heglwysi ni yng Nghymru heddiw i fugeilio'n gilydd drwy gyfeirio haelioni parod rhai ohonom, a thrwy herio amharodrwydd eraill ohonom, yn ddengar a grasol a chreadigol. Bydd rhai'n cwyno, mae'n siŵr. Bydd rhai hyd yn oed yn gadael yr eglwys efallai ymhen amser – am resymau egwyddorol eraill wrth gwrs! Eithr yn ôl Roger Shinn, mewn geiriau a ddyfynnaf mewn ysgrif arall hefyd yn y gyfrol hon, un o'r rhesymau derbyniol dros i rai adael eglwys yw fod yr eglwys yn fwy grasol a hael nag y gallant hwy ei ddioddef. I'r gweddill ohonom, bydd cerdded y ffordd hon nid yn unig yn gyfraniad i fywydau plant Duw mewn man arall, ac yn arwydd pell ac agos o gyfiawnder Duw, ond bydd yn dyfnhau'n diolchgarwch ninnau, bydd yn ein rhyddhau i fwynhau bendithion bywyd yn well, bydd yn 'perffeithio' ein mawl, yn rhoi mwy o falchder i ni yn ein heglwysi – a bydd yn llanw gwacter yn ein bywydau personol a'n bywyd eglwysig ag ystyr.

Fy mwriad i yn yr ysgrif hon oedd dweud bod stori Gardd Eden yn un rhy sylfaenol i ni beidio â'i hadrodd a'i hailadrodd hi heddiw, ond bod eisiau ei defnyddio'n wylaidd, yn fanylach, yn fwy penodol, ac yn fwy cytbwys, ac â mwy o graffter a deall a thosturi nag y gwnaethpwyd yn aml yn y gorffennol. Ar yr un pryd, bwriadwn ddweud bod galw arnom heddiw i wynebu'r ffaith nad euogrwydd am eu pechod ac edifeirwch amdano yw'r drws i rai i fyd ffydd heddiw a bod eisiau i'r Eglwys arddel y ffyrdd eraill hynny hefyd. Yn sicr, cael yn yr efengyl ystyr a fydd yn llanw gwacter yn eu bywydau fydd drws rhai i fyd ffydd, a dyna fydd ystyr pennaf yr efengyl iddynt ar hyd eu pererindod. Yr ydym yn byw yn yr oes ôl-fodern, amlweddog. Nid oes rhaid i ni wneud ffasiwn o addef hynny, na chredu mai addef hynny yw'r ateb i bob peth. Ond rhaid dod i delerau â hynny.

Dyna oedd fy mwriad. Ond 'rwy'n rhyw deimlo nad wyf, wedi'r cyfan, wedi crwydro'n bell iawn oddi wrth Ardd Eden.

14. Status Confessionis

Defnyddia diwinyddion yr ymadrodd Lladin *status confessionis* i ddisgrifio sefyllfa y cred rhai Cristnogion fod y ffydd ei hun yn y fantol ynddi. Ym marn rhai Cristnogion yno, cododd sefyllfa felly yn yr Almaen yn nhridegau'r ganrif ddiwethaf, pan ymyrrodd Hitler ym mywyd eu Heglwysi. Ymateb y Cristnogion hynny, ym Mai 1934, oedd cyhoeddi'r enwog Ddatganiad Barmen, a luniwyd gan Karl Barth ac a gychwynnodd wrthwynebiad ffurfiol yr Eglwys Gyffes i Natsïaeth. Ond gall *status confessionis* godi allan o fywyd mewnol yr Eglwys ei hunan.

Wedi'r Ail Ryfel Byd, bu lleihad mawr yn nifer addolwyr ac ymgeiswyr am y weinidogaeth yn Eglwysi Ewrop. Ar yr un pryd yr oedd arwyddion o wanwyn newydd, o ddechrau symud tuag at gymdeithas Gristnogol genhadol-gyfoes a byd-eang. Teithiai Cristnogion enwog, carismataidd yma a thraw. Ym 1946, daeth y gweinidog Lwtheraidd o'r Almaen, Martin Niemöller, capten Llong-U yn y Rhyfel Byd Cyntaf, ond un o garcharion Hitler gydol yr Ail Ryfel Byd, i siarad yn Llanelli, gerllaw fy nghartref i, a'r flwyddyn wedyn daeth Toyohiko Kagawa o Siapan atom, y person yr wyf fwyaf siŵr na all dim ond ffydd yn Iesu Grist esbonio'i fywyd. Ar daith yn ymddiheuro am ryfelgarwch eu gwledydd hwy oedd y ddau ohonynt.

Yn y pum degau a'r chwe degau, dan nawdd Cymdeithas Ecwmenaidd Cymru, a Chanolfan Ecwmenaidd Blaendulais, daeth personau o wahanol wledydd ac Eglwysi i Gymru i siarad am rai o gyfeiriadau'r cyffro newydd: Robert Mackie,

Presbyteriad o'r Alban, Cyfarwyddwr Cymorth Cyd-Eglwysig a
Gwasanaeth i Ffoaduriaid – rhagflaenydd Cymorth Cristnogol;
Anthony Bloom o Lundain, Esgob yn yr Eglwys Uniongred; Ernie
Southcott o Halton, Leeds, lladmerydd mudiad 'yr eglwys yn y
tŷ'; Suzanne de Dietrich, arweinydd astudiaethau Beiblaidd
Canolfan Bossey, Genefa; Ralph Stevens, o Genhadaeth
Ddiwydiannol Birmingham; Philip Potter, Methodyn o'r Caribî, a
ddaeth yn Ysgrifennydd Cyngor Eglwysi'r Byd.

Gwedd ar y cyffro oedd y closio at ei gilydd gan Gristnogion o
wahanol draddodiadau. Anodd credu nawr mor bell oddi wrth ei
gilydd fu'r carfanau Cristnogol gwahanol yn y gorffennol, cyn
lleied o gydweithio fu rhyngddynt, cymaint o ddiffyg
dealltwriaeth, a chymaint, weithiau, o gystadleuaeth afiach a
drwg deimlad oedd rhyngddynt. Ond wedi'r rhyfel, cafwyd ar yr
hen faes cenhadol uniadau ffurfiol a ymddangosai'n broffwydol:
sefydlwyd Eglwys De India ym 1947, undeb o Annibynwyr a
Phresbyteriaid ac Anglicaniaid, ac yn fuan wedyn Eglwys
Gogledd India, yn cynnwys Bedyddwyr hefyd. Ffurfiwyd
Eglwysi Unedig eraill yn yr hen faes cenhadol, yn Jamaica a
Papwa/Gini Newydd er enghraifft. Erbyn heddiw ffurfiwyd
Eglwysi Unedig ym Mhrydain, Canada, yr Unol Daleithiau,
Awstralia. Ym Medi 2002, yn yr Iseldiroedd, cyfarfu 45 o garfanau
eglwysig ar draws y byd sydd eisoes yn uniad o ryw fath, neu
sydd wrthi'n uno nawr. Yng Nghymru cafwyd Cyngor Eglwysi, a
ddatblygodd yn Cytûn, mae swyddi a chyrff a gweithgareddau
ecwmenaidd, ac mae eglwysi bro, ond er sawl cynnig arni, gan
gynnwys y diweddaraf, yn y flwyddyn 2000, y ddogfen 'Y Ffordd
Ymlaen' – y sylfaen orau i weithio arni hyd yma, a'r olaf nawr
efallai, yn fy oes i – nid oes Eglwys Unedig Gymraeg.

Ar lawer ystyr, gellid disgwyl i undod eglwysig ddigwydd yn
rhwyddach yn y Gymru Gymraeg, yn enwedig ymhlith yr
Anghydffurfwyr, nag mewn llawer ethos arall. Mae'n hadeiladau
a'n hoedfaon yr un fath, cydweithiwn â'n gilydd, cymdeithaswn
â'n gilydd, priododd llu ohonom â rhywun o enwad arall, mae
gweinidogion nawr yn derbyn galwadau oddi wrth eglwysi o
enwad arall, mae rhai'n gofalu am eglwysi o fwy nag un enwad,
bu gweinidogion enwadau gwahanol yn gydfyfyrwyr, ac mae

innocent people, make it impossible or me to vote for any of their andidates.

The Conservative Party were omplicit in that attack, so they are ust as guilty.

In fact there is now so little ifference between them, they should malgamate and relaunch hemselves as New LabCon.

When we go into the polling booths e should ask ourselves the question Could and should our councillors ave done more to help prevent the nonstrous crime against the innocent eople of Iraq?

Then use our vote accordingly.

On Iraq, their silence has been eafening, but it's well worth emembering that Plaid Cymru, the reen Party, and the Lib-Dems all pposed the war.

If our councillors have so little egard for the suffering of whole ommunities in Iraq – why should we elieve they have any regard for their ommunities here at home!

ORMAN WATSON
lwyn Onn, Gwaenysgor

²oetic irony looming?

SIR – That a Labour prime minister ould collude with hawks in the USA declaring war without the sanction f the United Nations, and even ithout a post-war policy for Iraq, is ard to take.

The Bush camp's fantasy view of merican military power has blinded

for his dalliance with Bush that Tony Blair will be best remembered.

Yet come the general election, while some Labour MPs will bite the dust, Blair will be re-elected. And if a very right-wing Bush gets re-elected too, one of his assets in his contest with his Democratic opponent, John Kerry, will be the support of the leader of the British Labour Party.

The list of those already brought down indirectly by Saddam Hussein is long, the Spanish Prime Minister, BBC executives, Editor of *The Mirror*, etc. What poetic irony if he brought down Bush and Blair too.
REV DR VIVIAN JONES
Yr Hendy

Let Charles marry

■ SIR – In "UK News Bulletin" (*The Western Mail*, June 2), the Prince of Wales was pictured with Camilla Parker Bowles meeting Scots National Health Service workers.

They looked such a happy pair, yet this morning on the BBC today programme what do I hear? A very absurd discussion about why they should not get married because of Charles's possible position as defender of the faith and Camilla's due to her divorce.

Might I respectfully suggest that as Charles is the incumbent Prince of Wales the couple should, following the observation by the former Archbishop of Canterbury Dr Carey, "of the naturalness of their

Organic food buyers loyal to Wa

WELSH consumers are more loyal to their country's organic food producers than the English, Scots or Northern Irish, a new survey has revealed.

A study into consumer attitudes towards organic food and drink showed 80% of Welsh consumers preferred organic food produced in Wales.

It also demonstrated that support for local, organic food was stronger in Wales than in any other part of the UK.

Bob Kennard, chairman of the Agri-Food Partnership's organic marketing sub-group, said, "We feel that the report raises many interesting issues and very much hope it will be a useful tool for companies marketing organic produce."

Two of the most important motivations driving organic consumers wer taste and health

Free copies o available from Wales on (0197

The research sioned by the S and analysed haviour of 15,0 More detailed then carried o people in their

llawer ohonynt yn ffrindiau mynwesol. Carfan fechan ydym hyd yn oed o'n rhoi i gyd at ein gilydd, ac mae pob enwad mewn trafferthion – wrth i mi ysgrifennu mae Undeb y Bedyddwyr yn methu â chael Ysgrifennydd Cyffredinol! A oes ffactorau arbennig felly sy'n esbonio pam nad oes eglwys unedig Gymraeg?

Mae ffactorau sy'n rhwystr i undod bob amser ym mhob man. Soniodd yr hanesydd Pabyddol George Tavard am y *'formidable inertia'* sy'n nodweddu Cristnogion weithiau. Mae llawer o Gristnogion yn ofni'r elfen *'open-ended and unpredictable'* ym mhob newid, a dichon bod cyfartaledd y rheiny yn yr eglwysi ar gynnydd y dyddiau hyn. Dengys rhai astudiaethau hefyd y gall seicoleg ac amgylchiadau arweinyddion eglwysig answyddogol fod yn ffactor yn erbyn undod.

Ar ben hynny, wrth drafod uno, gall credoau eglwysyddol diystyr iddynt hwy eu hunain ddod yn hollbwysig i rai. Yn chwedegau'r ganrif ddiwethaf, cafwyd cynllun uno yng Nghymru yn cynnwys yr Eglwys yng Nghymru. Ysgrifennodd Anglicanwr, Athro Diwinyddiaeth yng Ngholeg Llanbedr Pont Steffan, lythyr i'r *Western Mail* yn dweud na allai ef fyth berthyn i eglwys heb weinidogaeth driphlyg – sef esgob, offeiriad, a diacon. Cyn hir cyhoeddwyd adroddiad gan Gomisiwn yr Eglwys yng Nghymru ar Athrawiaeth (a chan Gomisiwn tebyg yn Lloegr), yn addef bod Anglicaniaeth wedi colli rhywbeth a gadwyd gan Annibynwyr a Bedyddwyr, sef diaconiaeth y Testament Newydd. Yr oedd y brawd hyddysg na **allai** berthyn i eglwys heb weinidogaeth driphlyg, **wedi** perthyn i un a gweinidogaeth ddeublyg iddi ar hyd ei oes – heb yn wybod iddo! Ni adawodd yr Eglwys yng Nghymru wedi hynny chwaith. Dywed hyn oll rywbeth am ansawdd posibl argyhoeddiadau enwadol digon didwyll.

Gelwid y math yna ar gred ar un adeg yn *'morphological fundamentalism'*. Yn chwedegau'r ganrif ddiwethaf sefydlodd Cyngor Eglwysi'r Byd weithgor i lunio astudiaeth ar *Spirit, Order and Organization. Order* yma yw elfennau mewn trefn eglwysig yr ystyria rhai Eglwysi eu bod o hanfod Eglwys, ac ni allant felly eu rhoi ar y bwrdd wrth drafod undod. *Organization* yw elfennau mewn trefn eglwysig yr ystyria Eglwysi nad ydynt o hanfod yr Eglwys, felly gallant eu rhoi ar y bwrdd wrth drafod undod. Enghraifft o'r naill i Anglicaniaid fyddai esgob, ac enghraifft o'r llall iddynt fyddai ysgrifennydd cenhadol. Sail yr astudiaeth oedd y dybiaeth nad oedd y fath beth ag *Order*, a bod y syniad yn rhwystr i'r Ysbryd. Lluniwyd yr astudiaeth, ond ni chafwyd arian i weithredu'r cynllun. Syrpreis, syrpreis! Ond fel y gwelsom yn y drafodaeth ddiweddar ymysg Anghydffurfwyr Cymru ar 'Y Ffordd Ymlaen', gall Anghydffurfwyr, pobl a wadai fod ganddynt *Order*, fod yn *'morphological fundamentalists'*.

Bydd trafod undod yn gyrru rhai i ddiffinio'u henwad heb gyfrif newidiadau a ddigwyddodd ynddo ers ei gyfnod ymffurfiol, clasurol, neu heb gyfrif newidiadau na ddigwyddodd ynddo oherwydd i rai cyfrifoldebau gael eu hesgeuluso. Gellir anghofio hefyd mai rhan o bob hanes yw'r hyn a eilw rhai haneswyr yn *'counterfactualism'*, sef canlyniadau a allai fod wedi dilyn pe bai llwybrau a wrthodwyd wedi cael eu dewis. Mae'r tueddiadau hyn yn rymus iawn ymhlith enwadau heb drefn i gofnodi ac i asesu datblygiad a chynnydd yn eu bywyd ynghyd. Bydd hynny'n eu tynghedu wedyn adeg trafod undod, i ail-ddadlau dadleuon sydd wedi eu hen, hen, hen ateb. O ganlyniad, fel y dywedodd Hywel Griffiths o Gaerffili, cyn-Athro ym Mhrifysgol Belfast mewn Gweinyddiaeth Gyhoeddus, ymddengys bod Cristnogion weithiau'n dygymod yn well â'u hangau personol nag â thranc eu sefydliadau!

Ymhlith Protestaniaid mae hefyd y ffaith mai asgwrn y gynnen rhwng Martin Luther a Rhufain, oedd ystyr ffydd. Ffydd wedyn, meddai Paul Tillich, gafodd y lle blaenllaw gan Brotestaniaid, nid cariad, a gyda hyn, ffydd yn ystyr y Sgolasticiaid a ddilynodd Luther, sef ffydd yn yr ystyr o *assensus* – cytundeb â chredoau, yn hytrach na ffydd yn ystyr Luther o *fiducia* – ymddiriedaeth yng ngras Duw drwy Iesu Grist. Felly bu mwy o ymgecru ynghylch eglwysyddiaeth ymhlith Protestaniaid nag ymhlith Pabyddion, a dyna hefyd, medd Stephen Neill yn *'The Christian Society'*, pam yr oedd Protestaniaid dair canrif ar ôl y Pabyddion yn ymgymryd o ddifrif â chenhadaeth dramor – a pham y bu ganddynt lai o gonsýrn am undod corff Crist!

Etifeddodd Anghydffurfwyr Cymru y traddodiad bod credo (a phatrwm o ymddwyn a oedd ynghlwm wrtho) yn bwysicach na chariad. Yn 'Hen Atgofion' dyfynna W. J. Gruffydd ei nain, yn cymharu teulu ei mam, Eglwyswyr na fuont erioed o dan ddylanwad 'y Diwygiad', â theulu ei thad, dyn 'lled dduwiol' a gerddai bedair milltir bob Sul i Gapel Methodistaidd Llanrug, ond dyn cas a chaled; "Byddai hen deulu Cae Meta yn meddwi llawer gormod ac yn llawer rhy ddiystyr o bethau ysbrydol, ond yr oeddynt yn well dynion na'r bobl sy'n awr. Ceisio gweld beiau eu cymdogion y mae dynion heddiw; byddai'r hen bobl yn gweled hynny yn beth anweddus."

Ond anawsterau a oresgynnwyd mewn gwledydd eraill yw'r rhain. A oes rhywbeth arall yn mynd ymlaen yn y Gymru Gymraeg Anghydffurfiol? Efallai bod. Carfan yn ymladd byth a hefyd am ein heinioes mewn llu o weddau o'n bywyd ydym ni, y Cymry Cymraeg. Mae colli unrhyw elfen yn ein bywyd yn ofid, a gwrthsefyll bygythiadau o'r tu allan yw rhan o'n hethos. Ond gall yr ethos hwnnw esgor ar seicoleg gwrthblaid, ar negyddiaeth gyffredinol a'i gwna'n haws i ni ddweud 'na' nag 'ie' – yn arbennig i rywbeth a gychwynnwyd gan rywun arall.

Diffyg ehangder hefyd? Llwyth yw'r Cymry Cymraeg, a thuedd y meddwl llwythol yw edrych i mewn ac yn ôl. Os nad yw'r duedd honno i'n tynghedu, rhaid inni adnabod y gwahaniaeth rhwng pwyslais lleol a phlwyfoldeb. Os caf droi ymadrodd ar ei ben – *Act locally, think globally.* Wrth drafod uno, er enghraifft, dylem edrych ar wersi a ddysgwyd ar draws y byd eisoes am uno, dylem edrych i weld beth a ddigwyddodd i'n traddodiad ni mewn cynlluniau uno mewn mannau eraill, dylem edrych ar enwadaeth Ewrop o safbwynt Cristnogion cyfandiroedd eraill, a dylem ddeall mai eglwysi ôl-enwadol yw un o ffenomenau Cristnogaeth gyfoes. Dylem hyd yn oed ofyn beth yw barn pobl o'r tu allan i'r Eglwys: 'The Church is what other people think it is' – nid dyna'r gwir i gyd, ond mae elfen o wir ynddo. Ein plant ni ein hunain yw rhai o'r bobl y tu allan i'r Eglwys, ond mae llu o rai eraill wrth gwrs – a'n maes cenhadol ni ydynt i gyd.

Teimla rhai nad yw'n hysgolheictod eglwysig ni yng Nghymru

yn help mawr i ni yn hyn oll. Haneswyr, er enghraifft, yw nifer o'n hysgolheigion Anghydffurfiol, a'u maes at ei gilydd yw hanes eglwysig Cymru. (Yn hanesyddol y trafodir diwinyddiaeth yng Nghymru gan mwyaf hefyd.) Er pwysiced eu gwaith, maes yw na all fawr o ysgolheigion o'r tu allan wybod am lawer ohono, ac efallai daflu goleuni ffres arno. Hyn a hyn o adnoddau sydd gennym hefyd, fel na all neb o'n hysgolheigion arbenigo mewn maes fel a geir mewn rhai Prifysgolion ym Mhrydain bellach, megis 'Hanes Cristnogaeth yn y Byd Anorllewinol'. (O 925 doethuriaeth ynghylch cenhadaeth hanesyddol a chyfoes yr Eglwys a roddwyd yn 21 o wledydd y byd rhwng 1992 a 2001, dwy a roddwyd yng Nghymru, a'r gwledydd sydd ar ein hôl yw Tsieina, Norwy, Pwyl ac ati.) Gall ein haneswyr fod yn eang eu gorwelion yn bersonol, ond ni ddônt o anghenraid â phersbectif lletach na Chymru i'r Eglwys yn rhinwedd eu hymchwil.

Wedi dweud hynny i gyd, nid yw pob cynllun uno'n un da, ac nid yw'r amser yn addas bob amser i dderbyn hyd yn oed un da. Nid un cynllun yw'r unig ffordd i ddwyn undod i ben rhwng enwadau chwaith. Ond pan wrthodwyd y cynllun uno diweddar yng Nghymru, beth yn hollol a wrthodwyd? Ai cynllun uno arbennig a wrthodwyd, neu undod ei hun? Nid oedd y broses o gael ymateb i 'Y Ffordd Ymlaen' wedi ei anelu at ddysgu pam yn union y gwrthodid y cynllun pe gwrthodid ef. Amhosibl felly yw dweud yn bendant pa un ai cynllun uno neu undod a wrthodwyd yn y diwedd.

Y dystiolaeth fwyaf sylweddol sydd gennym yw'r gwrthwynebiadau yn y papurau enwadol adeg y trafod, ac mae eu darllen heddiw'n ddiddorol. Yn sicr, ni rydd y gwrthwynebiadau hynny yr argraff mai pobl yn afodlon ar 'Y Ffordd Ymlaen' ond yn awyddus i gael rhyw gynllun neu batrwm gwell i ddwyn yr enwadau'n nes at ei gilydd yw trwch eu hawduron.

Nid oedd mwy na mwy o arwyddion yn y gwrthwynebiadau, er enghraifft, o'r hyn a alwodd yr Abbé Paul Couturier o Lyons, sylfaenydd yr Wythnos Weddi am Undod, y 'buredigaeth seicolegol' y geilw undod eglwysig amdano – megis caredigrwydd, a pharch at werthoedd Cristnogol pobl eraill. O ran y naill, dywedodd Meirion Lloyd Davies y Golygydd, yn

'Cristion', y gellid credu wrth ddarllen rhai o'r cyfraniadau yn y papurau enwadol mai cyfeirio yr oedd eu hawduron at elynion llwyr i'r ffydd Gristnogol, nid at aelodau o ganghennau eraill o Eglwys Iesu Grist. O ran y llall, weithiau defnyddid enw enwad arall fel condemniad – megis collfarnu rhywbeth dim ond drwy ddweud yn ddilornus ei fod yn 'Annibynnol'.

Yr oedd llawer o wrthwynebiad i'r cynllun cyn iddo ymddangos hyd yn oed, peth ohono ymhell cyn iddo ymddangos, ac yr oedd llawer o'r gwrthwynebiad iddo wedi iddo ymddangos nad oedd a fynnai o gwbl â'r cynllun. Yr oedd rhai'n ei erbyn am na welent na phwynt nac ystyr i uno, yr oeddent yn fodlon ar bethau fel y maent rhwng yr enwadau. Yr oedd rhai yn ei erbyn am resymau anecdotaidd – 'cafodd mam-gu ei thorri allan o gapel Presbyteraidd am nad oedd hi wedi cyfrannu y llynedd'. Yr oedd rhai yn erbyn uno oherwydd dadl y *'slippery slope'* – 'os unwn â'r Bedyddwyr heddiw, yfory byddwn yn uno â'r Pabyddion'!

Yr oedd eraill yn erbyn uno ar sail egwyddor enwadol. Nid yw'r bywyd Cristnogol yn brin o egwyddorion. Ond mae hierarchaeth ym myd egwyddorion – fel sydd mewn grasusau, yn ôl Paul. Er pwysiced a rhagored ffydd a gobaith, mae cariad, meddai, yn fwy na'r ddau. Y cwestiwn yw, nid a yw egwyddor yn iawn, ond pan fo egwyddorion sy'n iawn yn gwahaniaethu, pa un ddylai ildio i'r llall, a chael ei thymheru ganddi. Gwedd ar y bywyd Cristnogol yw'r ymgais, pan fo egwyddorion yn groes i'w gilydd, i adnabod yr egwyddor bwysicaf. Ond un o nodweddion yr ysgrifennu yn erbyn y cynllun uno oedd prinder arwyddion o densiwn rhwng egwyddorion enwadol ac egwyddor undod.

Yr oedd hefyd anwybodaeth ynghylch undod a awgryma amharodrwydd i'w gymryd o ddifrif. Mae llyfr, *'Evensong in Coventry Cathedral'*, yn disgrifio addoliad fel sgwrs a ddechreuodd cyn i ni gael ein geni. Dylai'r cerddor eglwysig, meddai, wrando ar y sgwrs sy'n mynd ymlaen eisoes cyn ymuno â hi. Pan ymuna rhywun mewn sgwrs ar undod eglwysig hefyd, daw i mewn i sgwrs a ddechreuodd ymhell cyn iddo ef gael ei eni, a dylai wrando ar y sgwrs sy'n mynd ymlaen cyn ymuno â hi. Nid oedd disgwyl i bawb adeg trafod 'Y Ffordd Ymlaen' wybod hynt a helynt y sgwrs ar uno a fu'n mynd ymlaen ers amser nawr, ond yr oedd rhai a oedd mewn sefyllfa i wneud cyfraniad sylweddol, ac sy'n fedrus iawn mewn meysydd eraill, wedi trafod y mater hwn heb ymgydnabod â'r pethau mwyaf elfennol a ddysgwyd eisoes ynghylch undod eglwysig, heb sôn am ymddiddori mewn astudiaethau (gan Richard Niebuhr er enghraifft) ynghylch natur enwadaeth, megis ei pherthynas â phatrymau economaidd-gymdeithasol, ac â daearyddiaeth a chymdeithaseg.

Yr oedd rhai agweddau Cristnogol a fyddai'n cydweddu ag undod yn absennol o lawer o'r gwrthwynebiad hefyd, megis agwedd genhadol ac nid amddiffynnol ynghylch ein traddodiadau ein hunain, ac awydd i gyfranogi o hanes ac ethos enwadau eraill, a gweld beth gallem ei ddysgu ganddynt, neu sut y gallent ein cyfoethogi. Ni fynegwyd pryder chwaith ynghylch angen a lles a dyfodol enwadau eraill, na hyd yn oed ambell awydd personol, heb sôn am angen personol, i berthyn i'r un gorlan ag unigolion o enwadau eraill.

Mae llawer mwy i'w ddweud wrth gwrs. Ond mae o leiaf digon o dystiolaeth i godi'r cwestiwn ai undod a wrthodwyd yn y diwedd, ac nid cynllun arbennig neu ffordd arbennig o uno.

A bwrw mai dyna a ddigwyddodd, a yw hynny o bwys tyngedfennol? Os hanfod iachawdwriaeth yw cymod personol rhyngom a Duw, yna gallai'r ateb fod yn 'na'. Dichon y gallai undod eglwysig wedyn fod yn bwysig efallai, ond nid yn hollbwysig, gall pob un ohonom fod o'i blaid neu beidio. Felly yr oedd hi pan soniwyd gyntaf am undod eglwysig yng Nghymru, opsiwn oedd i rai a hoffai'r pwnc, fel yr hoffai ambell un lenydda, neu fel y bu gan rai unigolion sêl dros y genhadaeth dramor 'slawer dydd.

Ond ai mater opsiynol yw undod eglwysig i Gristion? Mewn taflen ynghylch ymateb i 'Y Ffordd Ymlaen', dywedodd rhai Annibynwyr fod y Presbyteriaid o blaid cau eglwysi, mai Presbyteriaid yn ôl pob tebyg fyddai yn y mwyafrif pe llwyddai'r cynllun uno, ac mai teg casglu felly y byddai cau eglwysi'n bolisi i'r corff newydd. Cyfresymiad (*syllogism*) yw ffurf resymegol y ddadl yna, un gwallus fel mae'n digwydd, ond er hynny, mae'r ddadl yn glir cyn belled ag y mae'n mynd. Ond o safbwynt

Cristnogol y drafferth yw nad yw'n mynd digon pell, dadl secwlar yw yn ei hanfod, dadl yw sydd yn gadael Iesu Grist allan.

Yn ôl yr ail bennod o'r Llythyr at yr Effesiaid, nid cynnal ynghyd elfennau gwrthgyferbyniol mewn perthynas anghyfartal a wnaeth Iesu wrth uno Cristnogion o gefndiroedd gwahanol yn yr eglwys yn Effesus, ond gwneud ohonynt **greadigaeth newydd** (nid un 'ysbrydol' yn yr achos hwn chwaith), a'r greadigaeth newydd honno **yw'r** eglwys. Yn y bennod honno uno yw priod waith Iesu, un sy'n uno yw Iesu, ac y mae ei waith o uno'n dechrau yn yr Eglwys. Hynny yw, cymhwyster yr Eglwys i fod yn bobl i Dduw yw bod yn gorff sy'n rhoi cyfleodd i Iesu oresgyn ffiniau, gan ddechrau drwy oresgyn ffiniau sy'n gwahanu yn yr Eglwys. Os undod a wrthodwyd gennym felly, ac nid cynllun uno, a ydym wedi gwrthod cyfle i Iesu wneud ei briod waith, i wneud creadigaeth newydd ohonom? A ydym wedi gwrthod pwy yw Iesu? A ydym wedi gwrthod Iesu?

Yn rhedeg drwy weithiau a ddarllenais i dros y blynyddoedd, llyfrau megis *The Broken Wall*, esboniad Marcus Barth ar Effesiaid, *On Christian Theology* gan Rowan Williams, ac *Ecclesial Reflection* gan Edward Farley, mae llinyn aur, a hwnnw yw'r pwyslais ar yr Eglwys, nid fel cyfaddawd o elfennau gwahanol, ond fel creadigaeth newydd yng Nghrist. Mewn erthygl yn yr *'International Bulletin of Missionary Research'* (Hydref 1997), ar symud y gymdeithas Gristnogol gynnar allan o gyfyngiadau ei chefndir Iddewig i fyd y Cenhedloedd, â Andrew Walls ymhellach eto. Mae ef yn cysylltu croesi ffin gan Iesu drwy ei ddilynwyr ag ymestyn o'u deall hwy o Iesu, â dirnadaeth ddyfnach ac ehangach ohono. Os undod a wrthodwyd gennym felly, a ydym wedi gwrthod ymestyniad o'n deall o Iesu, wedi gwrthod dirnadaeth ddyfnach ac ehangach ohono? A bwrw bod hyn oll eto'n iawn, mae cwestiwn difrifol iawn yn codi. Os yw'r cwestiynau hyn yn gwestiynau agos i'w lle o gwbl, a ydynt yn golygu ein bod wedi mynd drwy *status confessionis*?

Beth allai fod yn y fantol mewn *status confessionis*? Nerth a chyfeiriad ein bywyd eglwysig ni – ein haddoli ni, ein mawl a'n gweddïo a'n pregethu a'n torri ni o'r bara, ein gwasanaeth a'n dysgu a'n cenhadu ni? A allai hyd yn oed ein bodolaeth ni fel pobl mewn cyfamod â Duw, ein hunaniaeth fel Eglwysi ac eglwysi, fod yn y fantol mewn *status confessionis*?

Efallai nad ydym yn cymryd ein hunain digon o ddifrif fel pobl i Dduw heddiw i ni fedru dychmygu y gallai'r un penderfyniad a wnawn ni fod mor dyngedfennol i ni â hynny. A gallwn droi at y Beibl am hyder. Dywed yr Hen Destament, meddem, fod Duw'n ffyddlon i'w gyfamod Ef â'i bobl, hyd yn oed pan dorrant hwy eu cyfamod ag Ef. Ond oni ddywedodd y proffwyd Hosea, pan aned y trydydd plentyn iddo ef a Gomer, 'A dywedodd yr Arglwydd, "Enwa ef Nid-fy-mhobl, oherwydd nid ydych yn bobl i mi, na minnau'n Dduw i chwithau"'? Yn ôl un ysgolhaig *'a message of judgement which sees the apostasy of Israel as deserving nothing less than the complete repudiation of the covenant relationship.'*

A byddwn byth a hefyd yn adrodd geiriau Iesu yn y Testament Newydd am yr Eglwys, yn dilyn cyffes Pedr yng Nghesarea Philipi mai Iesu oedd y Meseia – 'Pyrth uffern nis gorchfygant hi'. Ond oni ddywedodd 'un fel mab dyn' wrth Ioan y Difinydd, 'ysgrifenna at yr eglwys yn Effesus' (ie, Effesus) – '"fe ddof atat a symud dy ganhwyllbren o'i le"'?

Gwyliwn rhag ofn mai yn erbyn Duw y dyfynnwn y Beibl! Yn y diwedd, drwy ras yr ydym yn Eglwys, a'r ymateb mwyaf pechadurus i ras yw ei gymryd yn ganiataol.

Aeth y bleidlais ar 'Y Ffordd Ymlaen' heibio. Y naill ffordd neu'r llall, anodd gen i gredu na chawsom ni Anghydffurfwyr Cymru ein hunain, y rhai ohonom o blaid uno a'r rhai ohonom yn ei erbyn, y taer a'r difater yn ei gylch, y mud a'r llafar, am gyfnod yn y flwyddyn 2000 o Oed Crist, yn ddiarwybod i ni efallai, eto ynghyd, yn un, mewn *Status Confessionis*.

Duw yn ei ras a fyddo gyda ni oll. Amen.